I0154029

LES BARONS

DE FELSHEIM.

LES BARONS
DE FELSHEIM,

HISTOIRE ALLEMANDE

QUI N'EST PAS TIRÉE DE L'ALLEMAND;

PAR PIGAULT LE BRUN,

MEMBRE DE LA SOCIÉTÉ PHILOTECHNIQUE.

CINQUIÈME EDITION.

Si la volupté est dangereuse, des plaisanteries ne l'inspirent jamais.

VOLTAIRE.

TROISIÈME PARTIE.

PARIS,

CHEZ BARBA, LIBRAIRE, AU PALAIS-ROYAL, derrière le Théâtre Français, n°. 51.

DE L'IMPRIMERIE DE HOCQUET.

1813.

LES BARONS

DE FELSHEIM.

TROISIÈME PARTIE.

CHAPITRE VII.

Le Baronnet entre dans les pages du roi de Prusse.

Le temps s'écoule rapidement, quand on est constamment heureux et qu'on sait varier ses jouissances. Charles avait quinze ans, Sophie et Werner étaient parvenus à l'âge mûr, et les espérances que donnait le jeune homme les dédommageaient des transports de l'amour, auxquels la nature met si sûrement et si promptement des bornes. Werner n'avait pas le bonheur d'être père, et Charles réunissait toutes les affections du couple honnête et sensible. Il était beau comme sa mère, vif au-delà de toute expression; mais cette vivacité était tempérée par le respect filial et par la meilleure éducation. Sa mère choisissait les livres d'agrément, et Werner, pendant ses quartiers d'hiver, lisait avec lui des ouvrages instructifs; il en faisait disparaître la sécheresse, et en développait l'obscurité. Charles savait, à un âge aussi tendre, ce qu'ignorent beaucoup d'hommes faits, surtout dans la classe des barons. Les mathématiques, le dessin, la géographie, l'histoire, la mécanique, lui étaient familiers. Il dansait avec grâce, il jouait fort bien du violon; et quand il consultait son cœur, c'était l'enfant le plus aimable et le plus intéressant du canton.

Monsieur Joseph, son camarade, n'était pas, à beaucoup près, aussi avancé, quoiqu'il eût été présent à toutes les leçons, et qu'il eût partagé constamment les travaux de son ami. En récompense, il espadonnait à merveille, tirait parfaitement au vol, et buvait sec ; ce qui lui arrivait toutes les fois qu'il pouvait escamoter quelques escalins au bonhomme Brandt, qui ne faisait pas semblant de s'en apercevoir, et qui répondait à sa femme, qui lui en faisait quelquefois des reproches, qu'il n'était pas fâché que son fils aimât le vin, parce qu'un buveur a toujours le cœur excellent.

Avec ces qualités, monsieur Joseph paraissait tout au plus propre à remplacer un jour monsieur son père dans l'emploi de *factotum*, et c'est à-peu-près à cela que se bornait son ambition. Le père Brandt n'était plus très-ingambe, et il était bien aise que Joseph l'aidât un peu, quoiqu'il n'en voulût pas convenir : les hommes de ce caractère n'aiment pas à vieillir, et aiment encore moins qu'on s'en aperçoive. Cependant il sacrifia ses avantages personnels à ce qu'il appelait l'avancement de son fils. Toujours occupé de ses manies de guerre, il voulait que Joseph eût l'honneur d'être soldat. Crettle s'y opposait de toutes ses forces ; elle avait son petit genre de vanité ; elle prétendait que le nom de Brandt était bon à conserver, et qu'on n'expose pas un fils unique comme un goujat. Le père Brandt, qui ne ménageait guère sa femme depuis qu'il n'en était plus amoureux, et il y avait déjà des années qu'il était guéri de cette maladie-là, le père Brandt laissa dire sa femme, fit retourner un de ses vieux uniformes, et en affubla un beau matin monsieur son fils ; il lui pendit au côté son grand sabre de bataille, et lui dit d'un ton moitié tragique, moitié plaisant : « Mon ami Joseph, ne le tire pas » sans sujet, mais ne le remets pas » sans honneur ; » et il le présenta sur-le-champ à Werner, à qui il adressa cette harangue grivoise : « Mon colonel, je vous présente un » jeune soldat dont vous ferez ce que » vous pourrez. Je l'ai mis en état » de pourfendre son homme jusqu'à » la ceinture ; vos leçons feront le » reste. S'il se conduit en joli gar- » çon, vous me le direz, et j'en se- » rai bien aise ; s'il fait des sottises, » vous lui ferez administrer quelques » coups de plat de sabre : rien ne » redresse un jeune homme comme » cela ; » et appelant sa femme : « Allons, Crettle, fais-lui son sac, » et qu'il parte pour la garnison. »

Werner interrogea le jeune homme sur ses dispositions. Celui-ci parut résigné, et on ne s'occupa plus que d'en faire un cuirassier. Crettle rangeait dans un vieux sac de peau quelques chemises de toile écrue, la couple de paire de bas, et la demi-douzaine de mouchoirs bleus; elle rechignait, et faisait la mine à chaque pièce qu'elle y fourrait; elle s'arrêtait à chaque instant, et faisait de très-sages et de très-utiles réflexions sur la manie qu'ont les princes de faire tuer, *selon leur bon plaisir*, des enfans qu'on a eu tant de peine à élever. L'idée de Joseph coupé en deux d'un boulet de canon, tirait des pleurs de ses yeux maternels, et ses réflexions devenaient un *crescendo* d'injures et de malédictions qui s'étendaient indistinctement sur tous les potentats. « Tu me » fais pitié, reprit le vieux hussard » en fronçant le sourcil; si les con- » quérans étaient tenus de rendre » compte de leurs motifs aux fem- » mes, aux filles, aux maîtresses, » de ceux à qui ils font casser la

» tête, les hommes seraient toujours » en paix. Alors plus de soldats, » d'officiers, de généraux; plus de » meurtres, de pillage, d'incendies, » de filles violées, et quel malheur » pour les gens d'humeur guerrière! » Que deviendraient les paresseux et » les vauriens, qui gagnent si com- » modément leur vie au bout de » leurs sabres? Que ferait un tas de » fripons de toute espèce, qui s'enri- » chissent en une campagne, en rui- » nant une ou deux provinces? On » blâme tous ces gens-là, quand on » ne peut pas faire comme eux. Mais » que ton Joseph revienne avec une » valise garnie des dépouilles de » quinze ou vingt familles, et tu » conviendras que la guerre est la » plus belle chose du monde. »

En raisonnant ou en déraisonnant, Brandt attachait le sac sur les épaules de monsieur son fils; il lui fit embrasser sa mère pour la dernière fois, et le prenant par la main, il le conduisit jusqu'au *Sabot-Impérial*, cabaret fameux sur la route de Lunébourg. Là, on vida encore un vidercome ; Brandt embrassa brusquement son fils, lui tourna le dos, et reprit la route du château.

Il n'eut pas fait trente pas, qu'il se tourna vers le petit malheureux qu'il envoyait peut-être à la boucherie. Le jeune homme suivait son chemin avec l'insouciance naturelle à son âge. Brandt le regardait aller, il s'attendrit involontairement, des larmes tombèrent de sa paupière éraillée. Comme il était seul, il ne craignit pas de se livrer à sa sensibilité : il s'assit sur le revers d'un fossé, et pleura tout à son aise. Ce tribut payé à la nature, ses yeux et sa moustache essuyés et séchés, il se retourna encore vers le chemin, et déjà Joseph avait disparu. Il lui envoya sa bénédiction par la voie des airs, et il rentra chez madame

Werner en affectant un sang-froid que démentait à chaque instant son cœur.

J'entretiendrais volontiers le lecteur des faits et gestes du cuirassier Joseph ; mais comme la nature lui avait refusé l'originalité de monsieur son père, et qu'il ne fit jamais rien que d'assez ordinaire, j'userai du privilége que s'arrogent les romanciers, de se débarrasser *subitò* d'un personnage dont ils ne savent plus que faire. Je dirai tout simplement, et pour finir en deux mots, que monsieur Joseph traîna son existence militaire jusqu'à la bataille de Prague, où, ainsi que l'avait prévu madame sa mère, il mourut subitement avec tant d'autres héros de son espèce.

Charles pensait sérieusement au choix d'un état, ou plutôt il s'occupait des moyens d'embrasser le seul qui le flattât. Sa vivacité, son éducation, les entretiens de Tékéli et de Werner, les vieux contes de Brandt, tout avait contribué à tourner ses goûts vers les armes. Joseph s'était enrôlé sans trop savoir pourquoi, Charles semblait ne respirer que pour la gloire. Le récit d'une belle action lui faisait éprouver une sorte d'enthousiasme, son teint s'animait, ses yeux s'enflammaient; ses jeux même annonçaient une passion dominante sur laquelle les remontrances et la raison ne pourraient rien. Il rassemblait les jeunes garçons du village; on élevait dans le jardin des forteresses dont on traçait les plans sous les yeux de Werner. On avait ramassé les vieilles armes du canton, on se réunissait le dimanche, et on brûlait toute la poudre qu'il avait été possible d'acheter. Le général Charles réglait l'attaque et la défense; il se jetait le premier à travers le feu et la fumée; et soit qu'il attaquât la place, soit qu'il la défendît, la victoire était toujours de son côté.

Brandt, adossé à un vieux prunier, observait tout en fumant sa pipe. Il jugeait les coups, il souriait aux plus intrépides ; il battait des mains aux actions d'éclat. Quelquefois de légères contusions, des sourcils, des cheveux brûlés, faisaient faire la grimace aux combattans ; mais on oubliait cela en prenant sur l'herbe fine un goûter frugal, dont Charles faisait les honneurs avec une grâce et une modestie qui faisaient pardonner sa supériorité.

Les sensations sont à-peu-près les mêmes dans tous les individus : ils ne diffèrent essentiellement que par la manière d'exprimer ce qu'ils éprouvent. Madame Werner était livrée à son tour aux agitations et aux craintes qui avaient tourmenté Grettle. Beaucoup plus sensible aux jouissances du cœur qu'à celles de l'ambition, elle s'affligeait d'un penchant qui se fortifiait tous les jours, et que Charles ne cachait plus. Werner lui représentait en vain qu'on ne gagne rien à combattre la nature, que la naissance, la figure et les qualités de Charles, lui promettaient un avancement rapide; elle opposait à Werner les dangers qu'il avait courus à Peterwaradin, et Werner lui rappelait ce jour où il déposa à ses pieds des trophées que son amour lui rendait si chers : elle était mère, elle soupirait, et se taisait quand elle n'avait rien à opposer aux raisonnemens de Werner et aux pressantes sollicitations de son fils.

Ces combats se renouvelaient tous les jours; madame Werner devenait plus faible, et ne s'en apercevait pas. On s'habitue insensiblement aux idées les plus sombres, et elles cessent à la fin d'affecter l'imagination.

Elle adorait son fils, mais elle l'aimait pour lui même; elle balançait entre son bonheur personnel et un sacrifice qu'on ne se lassait pas de lui demander, lorsqu'un événement qui influa sur l'état politique de l'Europe, acheva de la déterminer.

Deux hommes très-extraordinaires avaient fixé l'attention et l'admiration publiques. Un roi de Suède, sobre par goût, continent par système, brave jusqu'à la témérité, inflexible dans ses vengeances, opiniâtre dans ses projets, supérieur aux événemens et même à la douleur, ruinant son peuple pour renverser et donner des couronnes, modeste au milieu des prospérités, et mourant en soldat, après avoir éprouvé ce que l'infortune a d'affreux; un czar emporté, intempérant et cruel dans l'ivresse, mais voulant le bien, et s'en occupant sans relâche; tirant de la barbarie les plus vastes états de l'Europe ; détruisant les préjugés, forçant ses sujets à cultiver les arts, et leur donnant en tout l'exemple; charpentier en Hollande, pour créer une marine au milieu des glaces du nord; soldat dans ses propres armées, pour ployer à la discipline ses officiers et les seigneurs de sa cour ; élevant jusqu'au trône une aventurière, qui, sur les bords du Pruth, sauva son bienfaiteur et la Russie, condamnant à la mort un fils qui n'était pas à craindre, et dont le crime caché était de n'être pas digne de son père ; mourant lui-même peu regretté du peuple qu'il avait formé, mais placé par la postérité, toujours juste, au rang des plus grands hommes : Charles XII et Pierre Ier. n'étaient plus.

Un prince, amant des sciences et des arts, protecteur déclaré des artistes et des savans, écrivant lui-même, et écrivant bien; qui avait la valeur de Charles, mais qui ne prodigua jamais sa vie; qui était né laborieux comme Pierre, mais qui trouva un peuple civilisé; aussi grand général et plus profond politique; habile à saisir les circonstances et à en tirer parti; souvent original, mais toujours homme d'état, de goût et d'esprit : Frédéric II venait de monter sur le trône de Prusse.

Un Baronnet de la figure la plus heureuse, d'un esprit vif et cultivé, plein d'ardeur et de courage, devait être agréable à Frédéric, qui avait tort d'être roi, mais qui avait raison d'être un grand homme.

Werner avait été page de Frédéric-Guillaume. Cet emploi n'était recherché que par la bourgeoisie et la pauvre noblesse, et ne conduisait en effet qu'au grade de sous-officier. Le caractère brusque et bizarre de ce prince ajoutait aux désagrémens de ce genre de service. Il semblait, au contraire, qu'un page de Frédéric II pouvait prétendre à tout. Il ne fallait qu'un mot heureux, qu'une aimable extravagance pour être remarqué, et marcher à la fortune.

Werner, en entrant aux cuirassiers, avait emporté les regrets du comte de Fersen, alors adjudant du roi, et gouverneur de cette jeunesse si turbulente à Versailles, et si docile à Berlin. Fersen était devenu général, et Werner avait toujours été en relation avec lui. Il lui écrivit une lettre pressante en faveur de Charles, et Fersen, ami solide et vrai comme ceux qui aiment avec connaissance de cause, Fersen porta au roi la lettre de Werner.

Frédéric, despote comme tous les potentats réunis, mais accessible comme un magistrat républicain dans l'enfance d'une république, Frédéric accueillit Fersen, lut la lettre, et écrivit de sa main à la marge : « Si l'enfant est tel qu'on le » dépeint, qu'il vienne, et j'aurai » soin de lui. »

Werner avait compté sur les bons offices de son ami ; il s'était même flatté que Frédéric lui saurait quelque gré des services qu'il avait rendus à son père, mais il était loin d'espérer une réponse aussi favorable. L'apostille du monarque porta la joie et l'espérance au sein de l'heureuse famille. Charles ne se possédait plus ; les saillies les plus piquantes se succédaient avec rapidité ; les grâces de son esprit ajoutaient à celles de sa figure. Sa mère le regardait à la dérobée, l'écoutait avec ravissement, et disait tout bas à Werner : « Oui, » mon ami, il aimera cet enfant, » s'il est capable d'aimer quelque » chose. »

Cependant le jour du départ approchait, tout était préparé, et madame Werner, que ces préparatifs avaient distraite d'un sentiment pénible, fit un retour sur elle-même. Prête à se séparer d'un fils qui ne l'avait pas quittée depuis sa naissance, elle sentit que Werner n'occupait que la moitié de son cœur, et que rien ne remplirait le vide qu'elle allait éprouver. Werner lisait facilement dans cette ame pure et toujours ouverte ; il vit ce qu'elle souffrait, et ne quitta plus son épouse. « Je te » le rendrai, lui disait-il quelquefois » dans ces momens où on se rappelle » qu'on a été jeune, où on cherche » à l'être encore, et où on regrette » de ne l'être plus. Mon cher ami, » répondait-elle, l'amour se nourrit » quelquefois d'illusions, mais une » mère ne rêve pas le bonheur. » De tous les sentimens, le plus solide, le plus tendre, le seul qui s'accroisse par l'habitude et le temps, c'est l'amour maternel.

Une calèche attelée de deux forts

chevaux, s'arrêta enfin à la porte. Werner et sa femme se proposaient de conduire Charles jusqu'à Lunébourg, où il devait prendre la voiture publique. On compte les heures, quand on se sépare de ce qu'on aime, et quelques minutes de plus sont un vol fait à l'absence, qui rapproche d'autant de l'instant du retour.

Werner était calme, mais ses expressions, le son de sa voix, annonçaient sa sensibilité; sa femme affectait un courage qu'elle n'avait pas, qu'elle ne pouvait pas avoir. Charles ne savait pas encore feindre, et son œil rayonnait de plaisir : il allait être page du roi de Prusse! Une sorte d'amertume se mêlait cependant à sa joie; il fallait quitter sa mère, cette mère si aimante, et il convenait intérieurement que ses caresses lui manqueraient. Mais l'éclat de l'uniforme, l'amour de l'indépendance, des honneurs qui ne se montraient à la vérité que dans l'éloignement, mais qu'on a le temps et l'espoir d'atteindre à quinze ans, que de raisons de perdre la tête! et quels moyens de s'en défendre? Ces trois êtres, diversement affectés, se présentaient à la portière, lorsque Brandt arriva, son petit paquet à la main.

« Où vas-tu, brave homme, dit » madame Werner? — A Berlin. — » Comment, à Berlin? — Si vous le » trouvez bon. — Et que vas-tu faire » à Berlin? — Servir votre fils, » comme j'ai servi son père. Ah! » mon ami..... s'écrièrent à la fois » Werner et son épouse. — Cela vous » étonne, je crois. Que deviendrait » ce pauvre enfant, seul, dans un » monde inconnu? Que fera-t-il » quand il ne sera pas de service, et » que le précepteur des pages lui » aura parlé une heure de ce que » Charles sait déjà sur le bout du » doigt? Il ira courir la pretantaine » avec ses camarades; le jeu lui en-

» lèvera un tiers de son argent, les
» filles un autre, et le chirurgien
» son reste. Il fera des dettes, on le
» mettra en prison, vous pleurerez ;
» et morbleu! tant que le vieux
» Brandt aura l'ame dans le corps,
» vous ne connaîtrez pas le chagrin.
» Je vous en prie, madame, laissez-
» moi partir. S'il n'a plus sa bonne
» mère, qu'il ait au moins avec lui
» son vieux camarade, son meilleur
» ami. Je ne lui parlerai pas si bien
» que vous, mais, mort d'un diable!
» je lui donnerai à ma manière des
» conseils qu'il faudra bien qu'il sui-
» ve. Je me logerai près du palais, je
» le verrai tous les jours, et peut-
» être qu'en allant et venant, je pour-
» rai glisser au roi un mot qui ne
» sera pas inutile à mon Joseph. »

On pense bien que Werner avait adressé Charles à quelqu'un qui devait le surveiller. Cependant la proposition de Brandt fut accueillie comme elle méritait de l'être : c'était une preuve nouvelle de la bonté de son cœur, et de l'attachement le plus vrai. D'ailleurs il n'était pas à présumer que celui auquel Charles était recommandé, s'occuperait exclusivement de lui, et madame Werner était enchantée d'avoir quelqu'un qui le vît à chaque instant du jour, et qui pût lui rendre un compte exact de ses actions les plus indifférentes. Elle serra la main du vieux hussard, qui l'entendit à merveille, et qui sauta dans la voiture aussi lestement qu'un homme de vingt ans.

On parla peu sur la route : chacun réfléchissait conformément à sa situation. Madame Werner regardait son fils avec attendrissement, Werner se félicitait de l'éducation qu'il lui avait donnée, le jeune homme faisait des châteaux en Espagne, et Brandt composait un discours burlesque qu'il devait adresser au roi la première fois qu'il le verrait. On cessa enfin de rêver, au bruit que firent les ponts de bois de Lunébourg, ébranlés par le trot des chevaux et la rapidité des roues. On descendit à la meilleure auberge, et Brandt fut retenir deux places au coche de Wittemberg, qui partait le lendemain matin.

Pendant qu'on apprêtait le souper, madame Werner donna ses derniers conseils à son fils. Ce que la probité la plus sévère, ce que la vertu la plus douce ont de touchant et de persuasif, coulait de sa bouche avec cette facilité et cette grâce qui forcent l'attention. Charles promit à sa mère de ne jamais oublier ses leçons; il était sincère en ce moment, il était encore sans passion.

Le souper fut triste. Werner seul rompait quelquefois le silence, et donnait à Charles quelques avis sur la manière de se conduire envers ses supérieurs et ses égaux; la mère applaudissait de l'œil et de la main aux sages réflexions de Werner; le Baronnet avait les yeux baissés sur son assiette, et Brandt, en allant et venant, mangeait le reste d'une entrecôte, qu'il arrosait fréquemment de la plus forte bierre brune qu'il avait pu se procurer.

On se coucha, et on ne dormit point. Madame Werner se leva avant le jour, appela Brandt, lui répéta ce qu'elle lui avait déjà dit vingt fois, le remercia affectueusement de ce qu'il entreprenait pour elle, malgré son âge et quelques infirmités, lui donna une bourse assez bien garnie, et enfin lui recommanda l'économie, en ajoutant cependant qu'elle n'entendait pas que Charles manquât de rien.

L'heure fatale sonna enfin, et on sortit pour se rendre au coche : les chevaux étaient déjà mis. En les voyant, madame Werner frissonna, comme si elle ne se fut attendue à rien ; elle prit la main de son fils, et la porta à sa bouche ; l'aimable enfant se jeta dans ses bras. Elle le pressait sur son sein ; leurs soupirs se confondaient, un baiser en appelait un second ; on ne les comptait pas. Charles s'éloignait en pleurant, il se tournait vers sa mère, il voyait ses larmes, il revenait, les essuyait, recevait et prodiguait de nouvelles caresses. Le claquement du fouet mit fin à cette scène de douleur et d'amour. Charles et Brandt montèrent, les chevaux partirent, et bientôt la triste mère ne vit plus que la place où son fils bien-aimé avait reçu et ses derniers adieux et les dernières marques de sa tendresse.

Elle s'appuya sur le bras de Werner, et retourna à l'auberge. Je n'ai plus que vous, lui dit-elle en rentrant, et de nouvelles larmes, que l'œil des curieux cessait de contraindre, coulèrent avec plus d'abondance. Werner ne chercha pas à la consoler : il fit mieux, il s'affligea avec elle. Les raisonnemens ne peuvent rien sur les peines de l'ame ; le temps seul ferme ces plaies-là.

Revenons à nos voyageurs. La voiture était composée, indépendamment de Charles et de Brandt, d'un capucin de Neubourg en Autriche, qui allait prêchant et gueusant dans les villages catholiques, prenant partout et ne payant nulle part, ainsi que l'a prescrit son fondateur François ; plus, d'une grosse réjouie de Munster en Westphalie, qui allait à Francfort-sur-l'Oder toucher, disait-elle, le prix d'une trentaine de bœufs que son mari y avait vendus à la dernière foire, et dont il s'était réservé les cornes et les cuirs. Le capucin, en qualité de prêtre indigne, s'était emparé d'une place de fond ; la bouvière, pénétrée de ce qu'on doit aux femmes, s'était assise à côté du révérend ; Charles et Brandt, à qui il était égal d'aller en avant ou en arrière, s'étaient arrangés comme ils avaient pu.

Au départ du coche, le capucin salua à la ronde, d'un air modeste et benin, auquel un grand œil noir et des joues enluminées donnaient un démenti formel. Il tira son bréviaire de sa manche, toussa, cracha, et pria avec toute la ferveur dont il était capable, en lorgnant à la dérobée les robustes appas de sa voisine. Celle-ci s'aperçut de la manœuvre du frocard, se pinça les lèvres, arrangea ou dérangea son fichu, et chanta, avec des ports de voix et force cadences perlées, une vieille romance avec laquelle on l'avait bercée. Brandt qui ne se souciait plus des femmes, et pour cause, et qui n'aimait pas davantage les capucins, avait battu le briquet, allumé sa pipe, et crachaït méthodiquement à la quatrième aspiration. Charles, qui n'avait pas encore perdu de vue le clocher de son village, regardait tout avec étonnement, à travers une lucarne de six pouces en carré; il se récriait sur tout, et trouvait que le monde ne finissait pas.

« Ne vous serait-il pas égal, mon » camarade, dit le capucin à Brandt, » d'attendre pour fumer que nous » soyons à la dînée? — Je suis sol- » dat, et vous êtes moine, ainsi je » ne suis pas votre camarade; vous » êtes ici *gratis*, j'y suis pour mon » argent; je fume parce que cela me » dissipe, et je me moque de qui- » conque y trouve à redire. — Ah, » mon cher frère! je ne fais cette » observation que par égard pour » madame. — Je ne suis pas plus » ton frère que ton camarade; ne me » romps pas la tête et poursuis ta » lecture. »

La conversation en demeura là; mais la dame remercia sa révérence par un sourire, et à chaque cahot elle appuyait sa main sur son genou. La main d'une femme courte, ramassée, rebondie, et passablement fraîche, produit toujours son effet, particulièrement sur un capucin, qui trouve rarement de pareilles aubaines. Le père *Sacrament* sentait les effets d'une grâce irrésistible; son bréviaire lui tomba des mains, et roula dans la paille qui enveloppait les jambes des voyageurs; ses yeux s'allumèrent, et il appliqua saintement sur la joue de la dame un vigoureux baiser, en s'écriant: » *Ecce ancilla Domini. Fiat mihi* » *secundùm verbum tuum* », répondit pieusement la dame, qui avait reçu une éducation chrétienne.

Brandt les regardait faire avec un sérieux imperturbable; mais à la seconde accolade, il tira sa pipe de sa bouche, et les regardant de travers: « Ne vous serait-il pas égal, leur dit-il, d'attendre à la couchée? » Madame est ici pour son argent,

» répondit *Sarament* ; elle m'em-
» brasse, parce que cela la dissipe,
» et elle se moque de quiconque y
» trouvera à redire. Sacrebleu ! re-
» prend le hussard, je crois que tu
» fais le raisonneur ! Vous ne savez
» donc pas, canaille que vous êtes,
» que vous avez ici Ferdinand XVI,
» baron de Felsheim, qui voyage
» par le coche, parce que les plus
» nobles ne sont pas toujours les
» plus riches ; que madame sa mère,
» ma très-honorée maîtresse, l'a
» mis sous ma direction, et que je
» ne souffrirai pas qu'une catin et un
» caffard prennent leurs ébats devant
» lui. » Le capucin, sans perdre une seconde, détache son chapelet à gros grains, orné de médailles, d'*agnus Dei*, d'un crucifix et d'autres brinborions en cuivre, et de toute la force de son bras il lance à la tête de Brandt ce foudre d'une espèce nouvelle. Brandt, désespéré de s'être laissé prévenir, saute à la

gorge du capucin. La dame veut les séparer, et en un instant son bonnet à dentelle, son fichu de batiste et son tablier de taffetas souci sont en lambeaux. Charles, qui continuait d'observer le pays, rentre sa tête dans la voiture, et voit son ami que le capucin, dans la force de l'âge, serrait d'une verte manière. Sans prévoir ce qui avait pu donner lieu à cette rixe, sans s'informer de quoi il était question, il tombe sur *Sacrament* et sa bouvière. Il saisit l'un par la barbe, l'autre par une oreille ; il tire de toutes ses forces, les met à ses pieds, donne à Brandt le temps de respirer, et le combat recommence avec fureur. Les gourmades pleuvaient sans interruption ; on se pochait les yeux, on se cassait le nez, et le cocher n'entendait rien, parce que le bruit du pavé absorbait celui des juremens et des coups. Le nourriçon de Saint-François et la servante du

Seigneur étaient maltraités, éreintés, ensanglantés, lorsque le plancher de la voiture, cédant tout-à-coup aux efforts des combattans, les vainqueurs et les vaincus tombèrent ensemble sur la grande route.

Les chevaux, allégés, prirent le petit trot, et le conducteur jugea avec beaucoup de sagacité qu'il était arrivé quelque chose d'extraordinaire. Il tourna la tête, et vit ses voyageurs accrochés pêle-mêle par les cheveux, par les jambes, par les bras, se roulant dans la poussière. Etonnement, stupéfaction! Brandt, incapable de lâcher prise, étranglait son capucin; Charles houspillait la westphalienne, et y prenait quelque plaisir. « Bien, » petit; bravo, mon ami, lui criait » le hussard, le pouce toujours fixé » sur la gorge de sa révérence, » fessez-moi un peu cette comère- » là ». Charles n'aurait pas mieux demandé, et cependant il ménagea la vaincue. Tant il est vrai qu'une femme, fût-ce même une bouvière, conserve toujours ses droits sur un cœur bien placé.

Le cocher, aidé de quelques passans saxons, tira d'abord le père *Sacrament* des griffes de Brandt, et comme il avait incontestablement le droit de police dans sa voiture, il interrogea les délinquans, qui eurent tous raison, ainsi qu'il arrive toujours quand il n'y a pas de témoins. Ce magistrat, en guêtres de cuir, en bonnet de coton et en sarau de toile bleue, nageait dans une mer d'incertitudes, lorsque Brandt termina son plaidoyer par la péroraison suivante : » Ce drôle-
» là allait exploiter la donzelle dans
» ton poulailler, ce qui est contre
» les règles. Je l'ai prié honnête-
» ment de se modérer, il a fait l'in-
» solent ; je l'ai battu, et j'en ferai
» autant à tous ceux qui manqueront

» de respect à monsieur le Baron, » qui veut bien entrer dans les pages » du roi de Prusse, et que je con» duis à la cour. Il y a un comman» dant prussien à Wirtemberg, où » s'arrête ton équipage, que Dieu » confonde, et je t'y ferai passer » une *rouffle* à la garde montante, » si tu ne me fais justice de cet en» ragé capucin ».

Le cocher, qui savait qu'il n'y a rien à gagner avec des pages et avec des commandans prussiens, qui n'avait d'ailleurs dans *Sacrament* qu'une très-piètre pratique, prononça comme tout autre aurait fait à sa place; il mit le capucin à pied. Il rajusta de son mieux le plancher du coche; Charles, Brandt et madame Bouvillon y remontèrent, après s'être lavé le visage avec de l'eau fraîche. On s'observa respectivement, on se fit assez mauvaise mine; mais on arriva paisiblement au cabaret où on devait dîner. Brandt, persuadé que monsieur le Baron n'était pas fait pour manger avec tout le monde, le conduisit dans la salle basse, et lui fit servir ce qu'il y avait de mieux. Pour lui, il se mit tout simplement à table d'hôte, avec le cocher et la westphalienne, et il but et mangea comme s'il ne s'était rien passé.

Il expédiait le reste d'un plat de chou-croute, et allait mettre le couteau dans une éclanche de mouton, lorsque le capucin haletant, et couvert de sueur et de poussière, s'arrêta à la porte du cabaret. Il aperçut Brandt, et se disposait à passer outre. Celui-ci, le meilleur humain de la terre quand on faisait ses volontés, fut touché du piteux état de son adversaire, et se piqua de générosité. » Viens ici, frappart! lui cria-» t-il, assieds-toi, bois, mange, « et je paierai «. Le père reçut l'invitation avec une humilité vraiment édifiante; il se mit au bas-bout de la table, où Brandt lui servit ce qu'il y avait de meilleur, et la réconciliation fut scellée le verre à la main.

» Ah çà, père, lui dit Brandt, » pendant que le cocher harnachait » ses chevaux, pour te prouver que » je n'ai pas de rancune, je veux » bien que tu remontes en voi» ture, mais, par la mort! observe» toi. Ce n'est pas que tu puisses » m'étonner, quoique tu fasses; j'en » ai vu bien d'autres dans ma vie; » mais monsieur le Baron ne doit » encore rien voir de tout cela, et » je te préviens qu'au premier acte » de paillardise, je te fais sauter par » la portière ».

Brandt parlait comme s'il avait encore cette vigueur qui le fit triompher dans trois ou quatre batailles, à Blekcde, à Marhek et autres lieux. Il ne réfléchissait pas que le frère était capable de l'assommer, et que si Charles ne s'était pas le matin mêlé de la partie, il s'en serait tiré avec les étrivières. Aussi le franciscain se moquait intérieurement de ses menaces; mais il craignait le scandale, et surtout ses supérieurs. Il reçut donc la mercuriale avec une docilité qui lui concilia les bonnes grâces de Brandt. On repartit : le hussard, qui avait un petit coup dans la tête, raconta longuement l'histoire de ses campagnes; *Sacrament* celles des dévotes qu'il avait dirigées, avec l'énumération des bouteilles de liqueur, des pains de sucre et des tablettes de chocolat qu'il en avait reçus; madame Bouvillon glissa à travers le tout quelques mots sur la stagnation du commerce; Charles, qui n'avait personne avec qui il put parler des sciences exactes et des beaux-arts, s'endormit, et c'est ce qu'il pouvait faire de mieux; enfin on arriva, sans s'en apercevoir, à Danneberg, où on devait coucher.

« Mon ami, dit Charles à Brandt » en descendant du coche, vais-je » encore souper seul? — Oui, mon- » sieur le Baron; ces gens-ci n'ont » pas trente-deux quartiers. — Mais » ne vaut-il pas mieux manger avec » eux, que de m'ennuyer seul? — » Non, monsieur le baron; un » homme comme vous doit savoir » s'ennuyer quand les circonstances » l'exigent. — Au moins, mon ami, » tu me tiendras compagnie. — Ce » sera beaucoup d'honneur, si vous » le permettez. — Comment donc! » je t'en prie. Je ne fais le baron que » depuis ce matin, et je m'aperçois » déjà que c'est un triste métier. » — Je souperai donc avec vous. » D'ailleurs je suis un vieux mili- » taire, je vous ai élevé, et cette » marque de bienveillance ne vous » fera pas déroger. Holà, hé, la » fille, voyons la plus belle cham- » bre ». C'était une grande pièce carrée dont les murs étaient à demicachés par quelques lambeaux de point de Hongrie, et pour ameublement, deux lits à quatre colonnes, avec des rideaux de serge feuille-morte, six escabelles et une longue table couverte d'une nappe assez régulièrement tachetée de graisse et de vin. » Deux couverts dans ce chenil, » reprit Brandt, qui était devenu » difficile, des draps blancs, s'il est » possible, et cette nappe retournée. Que ferons-nous d'ici au sou- » per, interrompit Charles? — Tout » ce que vous voudrez, monsieur le » Baron. Buvez un coup, cela fait » passer le temps. — Tu sais bien que » je ne bois pas. — Si vous vouliez » essayer une pipe? — Bien moins » encore. Si j'avais mon violon, » j'en jouerais. Oh, j'espère bien » n'être pas désœuvré ainsi à Berlin. » — Holà, hé, la fille, un violon? — » Monsieur l'officier, nous n'en avons » pas. — N'y a-t-il pas des musiciens » à Danneberg? — Nous avons un

» voisin aveugle, qui nous fait quel-
» quefois valser. — Va chercher le
» violon de l'aveugle. — Il ne le
» prête jamais. — Dis-lui que c'est
» pour un page du roi de Prusse,
» qui le fera entrer dans la musique
» du régiment des gardes. — Mais
» c'est que...—Paix!—Je ne peux...
» —Paix, paix. Le violon de l'a-
» veugle à l'instant, à la minute,
» ou je vais le chercher moi-même.
» — Hé! mon vieux camarade, n'est-
» il pas plus simple d'envoyer deux
« ou trois florins à ce pauvre homme?
» cela lève toute les difficultés. —
» Je n'y pensais pas; vous avez rai-
» son. Ce que c'est que d'être sei-
» gneur de village! Tiens, la fille,
» trois florins à l'aveugle, à condi-
» tion que tu rapporteras le sabot ».

Il valait bien trois à quatre pièces de six fenins. Les cordes étaient fausses, l'archet n'avait que la moitié de ses crins; Charles se dépitait, frappait du pied, et produisait cependant des effets qu'il ne soupçonnait pas. Les filles de l'auberge venaient à la file écouter à la porte de la chambre ; les marmitons suivaient sur la pointe du pied, l'hôtelier et madame son épouse se laissèrent également entraîner au charme de l'harmonie ; enfin le capucin et sa bouvière interrompirent une conversation très-animée, et se réunirent aux gens de la maison. On ne soufflait pas, on était tout entier au moderne Orphée, qui, piqué d'être au-dessous de lui-même, s'écria tout-à-coup : « Le maudit instru-» ment ! il n'est bon qu'à faire dan-» ser », et il joua la première valse qui lui passa par la tête. Les Allemands dansent comme ils boivent : ce sont deux dons qu'ils reçoivent en naissant. Dès les premières mesures, la porte s'ouvre, et chacun tenant sa chacune, entre dans la chambre en sautant. Le père *Sa-*

crament, la robe retroussée jusqu'au genou, cède lui-même à l'exemple, et agite dans tous les sens son épaisse westphalienne. Brandt indigné de ces manières libres, allait s'emporter. « Hé, mon ami, lui dit Charles, » laisse les faire. Ne vois-tu pas que » tout l'avantage est de mon côté : » je leur procure un moment de » plaisir. — Vous avez raison, tou- » jours raison. Dansez donc, rotu- » riers que vous êtes, puisque mon- » sieur le Baron le permet. »

Brandt, qui ne dansait plus, mais qui n'oubliait rien, pensa que le souper souffrirait de la valse, et il fut faire un tour à la cuisine. Pendant qu'il retournait les casseroles et qu'il arrosait le rôti, un petit homme trapu, armé d'un gros bâton noueux, entra et demanda si le coche de Lunebourg était arrivé. « Oui, répon- » dit Brandt, sans quitter la lèche- » frite. — Et n'y avait-il pas dans la

» voiture une grosse et courte femme » au nez retroussé, au sourcil épais » et à la peau blanchette? — En êtes-» vous aussi amoureux, reprit le » hussard en se tournant? — Non, » monsieur, je suis son mari; mais » je juge à votre question, qu'elle a » fait des siennes en route. Croiriez-» vous que cette malheureuse-là » m'a quitté, moi, qui ne suis pas » mal, pour courir après un trom-» pette de gendarmerie, qui a passé » son quartier d'hiver à Gluckstad, » et qui s'en retourne à Berlin? — » Ah! monsieur est cocu? — Oui, » monsieur, et ce n'est pas ce qui » me fait le plus de peine: ce qui » me fâche, et très-fort, c'est qu'elle » s'est munie d'un sac de cinquante » ducats, que je voudrais bien ra-» trapper; et c'est pour cela parti-» culièrement que je la suis à la piste. » — Votre femme et votre sac valsent » là-haut avec un père capucin. — Je » vais leur donner de mon gourdin

» sur les oreilles. — A vous permis, monsieur » ; et Brandt continua d'arroser le rôti.

Le petit trapu de Gluckstad entra dans la salle de bal, et n'y trouva ni la dame au nez retroussé, ni ses ducats, ni le capucin. Ils s'étaient éclipsés pendant la chaleur de la danse, et étaient allés renouer leur conversation je ne sais où. Le petit homme se décida à faire une perquisition générale, et revint proposer à Brandt de l'aider à retrouver sa femme et son sac. Celui-ci prenait fort mal la plaisanterie, et aimait assez à s'amuser aux dépens des autres. Il mit de la cendre froide sur les fourneaux, recula les broches, et suivit le pauvre mari sur la pointe du pied, et dans le plus grand silence.

Ils entrèrent dans les chambres, les cabinets, ils furetèrent les écuries, les granges, tâtonnèrent, écoutèrent partout, et ne trouvèrent ni n'entendirent rien. « Nous aurions » dû prendre une lampe, chuchottait » le mari. Quand on veut surpren» dre son ennemi, il ne faut pas » éclairer sa marche », mâchonnait le hussard; et ils traversèrent une seconde fois la cour, pour arriver à un certain hangard qu'ils démêlaient à travers les ténèbres. En approchant ce bâtiment, le seul qu'ils n'eussent pas visité, ils crurent entendre un soupir. Ils redoublèrent de précautions, et s'arrêtèrent derrière un des poteaux qui soutenaient la couverture. Ils écoutèrent de nouveau, et un second soupir leur frappa distinctement le tympan. « *Dif*» *fusa est gratia in labiis tuis* », dit le père, dont Brandt reconnut aussitôt la voix, et quelques baisers bien sonores suivirent de près l'exclamation. « *Et Deus aperuit vul*» *vam* », continua bientôt le luxurieux *Sacrament*. « *Sit nomen Do-*

» *mini benedictum* », répondit une autre voix affaiblie et entrecoupée. « Ah! coquine, je vous y prends », s'écria le petit homme, qui savait un peu de latin; et il s'élance sous le hangard, jouant du bâton, frappant à droite, à gauche, en haut, en bas, et ne rencontrant que le sol et la charpente, les poteaux et un tas de fagots.

Brandt avançait, le dos courbé et les bras étendus : il fit soudain un saut en arrière, en poussant un cri du diable, occasionné par le gourdin, qui venait de lui tomber d'aplomb sur le poignet. Un coffre à avoine se rencontra fort à propos; il s'assis dessus, en soufflant sur sa main et en blasphêmant à faire écrouler le hangar.

Le bruit du bâton, les imprécations du mari, les hurlemens de Brandt, attirèrent enfin les gens de la maison, qui ne dansaient plus, car on ne peut pas toujours danser. Deux ou trois lanternes éclairèrent à la fois le lieu de la scène, et en deux sauts le petit homme arriva au sommet du tas de fagots, où il ne trouva encore personne. Les marmitons, les servantes ne concevaient rien à ce qu'ils voyaient ; ils interrogeaient, ils piaillaient tous à la fois, et le petit homme fut obligé d'interrompre ses recherches, pour les mettre au courant de sa mésaventure. Il termina son récit en les pressant d'aller inviter le fiscal général à venir constater les faits, et à prononcer ensuite la séparation de corps et de biens.

A ces dernières et terribles paroles, le coffre sur lequel Brandt était assis, s'agita sensiblement. Le hussard étonné se lève, regarde ; le couvercle part, le capucin s'élance, assène un vigoureux coup de point sur l'oreille du vieux guerrier, le renverse, s'accroche au premier poteau, parvient à la couverture, et se laisse couler chez le voisin, au milieu des huécs, et en dépit d'une grêle de pierres, qui pleuvaient sur lui de toutes parts.

Le maître de l'auberge ayant vainement essayé de rétablir l'ordre, avait pris le parti d'aller chercher la garde, après avoir soigneusement fermé ses portes. Le petit homme châtiait conjugalement sa femme, tapie au fond du coffre; Brandt, revenu de son étourdissement, s'était armée d'une broche, et courait pesamment à la poursuite de son adversaire, auquel il jurait de ne pas faire de quartier, lorsque l'officier de police parut, accompagné d'une escouade,

A l'aspect du magistrat et des

baïonnettes, le tumulte s'appaisa, et chacun attendit respectueusement ce qu'allait prononcer le magistrat saxon, à l'exception cependant du hussard, à qui le coup de poing tenait aux côtes. A l'aide d'un treillage, il avait monté le mur du jardin, et il fourrageait la maison voisine, sondant avec la pointe de sa broche les matelas, les paillasses, le foin, la paille, et jusqu'aux tonneaux vides, où il croyait probablement qu'un capucin pouvait entrer par le trou de la bonde.

L'officier de police commença son enquête : « Je suis cocu, dit le petit » homme. Il est cocu, répéta tout le » monde à la fois. La preuve, reprit » l'officier? — Je les ai surpris dans » ce coffre. — Ce n'est qu'une forte » présomption! — Présomption!... » Présomption... Savez-vous le latin, » monsieur de la justice? — Ques- » tion impertinente. — J'ai entendu

» de mes deux oreilles : *Et Deus aperuit vulvam.* — Passage de la Genèse. — Et ma coquine de femme a » répondu par *sit nomem Domini* » *benedictum.* — C'est de l'office de » la Vierge ; je ne vois pas là de dé» lit. Il n'y en a pas, monsieur l'of» ficier, s'écria du fond du coffre la » bouvière, qui commença à se ras» surer un peu, et ce coquin-là m'a » rouée de coups, et je ne peux re» muer ni bras ni jambe, et je n'es» père plus qu'en vous, monsieur l'of» ficier, je n'espère plus qu'en vous. » — Ah ! vous vous faites justice vous» même, et les contusions déposent » contre vous ! Fussiez-vous cent fois » cocu, les voies de fait vous sont in» terdites. Cinquante coups de bâton » sur les fesses. »

Aussitôt deux soldats saisissent le petit homme, l'attachent en douze tems sur un planche, et le caporal lui administre en mesure la petite correction. « Je suis cocu et battu,

» dit le pauvre diable, en se frottant » le derrière. Je m'en consolerais, » si vous me faisiez rendre au moins » mes ducats. — Qui te les a volés? » — Hé, parbleu, c'est notre femme. » — Il vous ment, monsieur l'officier. » Je ne l'ai pas plus volé que je ne » l'ai fait cocu : encore cinquante » coups de bâton, s'il vous plaît. — » Ouais, c'est ainsi que vous aimez » votre mari ! il pourrait bien ne s'ê- » tre pas trompé. Au reste, je ne pro- » noncerai pas légèrement sur cette » question incidente : laissez-moi » réfléchir... » Le magistrat se frotta le front, se gratta l'oreille, et d'un air de satisfaction il demanda en quelle monnaie était la somme? « En » or, répondit la femme. Te voilà » prise, interrompit le mari. Il y a » vingt reichstahallrs (1) parmi les ducats. Voyons le sac, reprit l'offi- » cier. » La petite femme balbutia,

(1) Le reichs-tahallr vaut 3 livres 12 sols.

divagua, déraisonna, et le magistrat ordonna à monsieur le caporal de faire l'inventaire des poches de la dame. Elle y porta aussitôt les deux mains, et en même tems elle s'écria, stupéfaite et terrifiée : « Ah ! le mal-» heureux capucin ! il m'a escamoté » le sac, en chantant avec moi l'of-» fice de la Vierge. »

Ces mots ramenèrent l'attention sur le révérend, auquel on ne pensait déjà plus. Informations prises, le magistrat et sa troupe se mirent en quête, et cherchèrent le père pendant une partie de la nuit. Brandt, à qui le désir de la vengeance avait rendu sa première ardeur, marcha toujours en tête des limiers de la justice, qui désespérèrent enfin de retrouver le frocard.

Brandt s'en revenait tristement, et s'arrêta, fatigué, excédé, en face de la maison qui tenait à l'hôtellerie. Il s'appuyait sur sa broche, et regardait, en soupirant, le derrière du toit par lequel *Sacrament* s'était évadé. Quelque chose d'informe, que la faiblesse du crépuscule ne permettait pas de distinguer, pendait à la gouttière. Brandt fixe attentivement l'objet. Il cherche, il désire démêler des formes humaines; il croit apercevoir le bas d'un corps nu, séparé des bras et de la tête. Tantôt il pense qu'un objet fantastique lui fascine les yeux; l'instant d'après, il se persuade voir en effet des jambes et des cuisses : les premiers rayons du soleil terminent enfin ses incertitudes, et lui font pousser un cri de joie : c'était *Sacrament* en personne.

En glissant le long de la couverture, le fripon s'était pris, par le bas de sa robe, à un crochet de fer qui soutenait la gouttière, et, au moment où il croyait sauter à terre, il s'était trouvé suspendu, sa robe retournée par-dessus sa tête. Vingt fois le hussard et les soldats avaient passé sous ce toit malencontreux, et *Sacrament* s'était tenu coi, malgré la gêne de sa situation. Il espérait qu'on se lasserait de le chercher, qu'on se retirerait, et que ses efforts le sauveraient du mauvais pas où il s'était engagé : la providence en ordonna autrement.

Brandt, enchanté de sa découverte, ne pensa plus qu'aux moyens d'arriver jusqu'au père, et de lui passer sa broche au travers du corps. Il avait remarqué une longue échelle dans la cour de l'hôtellerie, et il jugea d'abord que cet expédient était le plus bref et le plus sûr. Il allait dresser la fatale échelle, lorsqu'il fut arrêté par des réflexions admirables. Il se dit que, bien qu'il eût reçu un coup de poing, affront sanglant qu'un militaire ne pardonne jamais, il n'était pas généreux d'embrocher un ennemi sans défense ; que l'honneur de sa vieille figure était indépendant de la main d'un moine, et qu'il était plus sage de laisser à la justice le soin de punir toutes ses fredaines à la fois.

En conséquence de ce raisonnement, il courut après l'officier de police et ses gens, il les ramena sur ses pas, leur montra le franciscain, qui fut aussitôt dépendu, fouillé, et convaincu d'avoir volé la bouvière. Les vingt reichs-tahallrs s'étant trouvés dans le sac, le tout fut remis au mari, qui ressembla parfaitement à cet homme dont on a tant parlé pour avoir été cocu, battu et content, enfin le magistrat termina cette longue séance par un arrêt motivé, dont on parle encore à Danneberg. Le voici, au *considérant* près, dont je juge à propos de faire grâce au lecteur.

« Pour le scandale causé par le père *Sacrament*, cinquante coups de bâton.

» Pour l'argent volé par ledit père, cent coups de bâton.

» Total, cent cinquante coups de bâton, qui lui seront délivrés sur-le-champ; après quoi ledit père sera reconduit à son couvent par les archers, et ce, de brigade en brigade.

» *Item*, la délinquante, qui a évidemment dépouillé son mari, et qui a fait pis peut-être, sous le prétexte de chanter l'office de la Vierge, avec un capucin, dans un coffre à avoine, sera mise en état de réclusion autant de tems qu'il plaira audit mari, ce qui pourra lui plaire long-tems.

» *Item*, comme il n'est pas impossible que ledit mari soit cocu, et qu'audit cas les contusions par lui faites à sa femme sont excusables en raison du premier mouvement, la justice lui témoigne ses regrets de lui avoir fait macérer les fesses, et le déclare très-honnête homme, soit qu'il soit cocu, soit qu'il ne le soit pas.

» Le présent jugement sera affiché à Danneberg au nombre de six exemplaires, aux frais du cocu présumé. »

Après avoir prodigué au magistrat de justes éloges, chacun se retira de son côté. Brandt, qui n'avait pas soupé, marcha droit à la cuisine, et trouva le rôti en charbons, les ragoûts desséchés, et les culs des casseroles brûlés. Il se dédommagea sur un volumineux fromage de Sandow, et monta, en cassant sa croûte, s'informer de la santé de monsieur le Baron.

Le petit Charles, fatigué de faire crier son violon, s'était amusé à relire quelques feuillets des propositions d'Euclide, qu'il avait trouvés sous un lit; et en attendant son vieux camarade et le souper, il s'était endormi à côté de sa lampe, les deux coudes sur la table, au moment même où *Sacrament* et la westphalienne commençaient à réciter leur office, de sorte qu'il n'avait rien entendu du tintamare infernal qu'on avait fait toute la nuit.

Brandt le retrouva dans la même position, le réveilla, le fit déjeûner tant bien que mal ; et pour qu'il ne fût plus exposé aux scènes de cabaret, ni aux exemples contagieux qu'on rencontre assez communément dans les coches, il alla chercher un chariot de poste, et le second jour ils arrivèrent à Berlin, sans aventure et sans accident.

J'invite le lecteur à se reposer un moment. J'ai moi-même besoin de reprendre haleine avant de passer aux choses importantes, remarquables et attachantes dont je vais commencer la narration.

CHAPITRE VIII.

Le Baronnet entre en exercice et commence ses fredaines.

CHARLES et son compagnon descendirent à l'*Aigle-Noir*, la meilleure auberge de Berlin, située sur la place d'armes, assez improprement nommée *Jardin du Roi*. Brandt sentait à merveilles que les premières impressions sont celles qui restent, et il ne doutait pas qu'un baron de quinze ans, descendu d'une chaise de poste à l'*Aigle-Noir*, y faisant pendant vingt-quatre heures la dépense d'une altesse, ne fixât aussitôt l'attention de la ville et de la cour. Il ne se disait pas ces choses-là précisément comme je les rapporte, mais c'était le fond de ses idées.

Il logea son jeune ami dans le plus bel appartement, ordonna un dîner de vingt couverts, et demanda le perruquier du roi. Une espèce de petit-maître, à serviette sur le bras, lui répondit en souriant, que le roi se faisait coiffer par son valet-de-chambre. « Eh bien, dit Brandt, » qu'on me cherche un valet-de-» chambre pour monsieur le Ba-» ron. »

Pendant qu'on cherchait le valet-de-chambre, Brandt tira de la malle de Charles, son frac galonné en or, son chapeau bordé, ses bottes cirées, et son épée à monture d'argent. Il étala ces divers objets sur les fauteuils, et regardant le petit Baron en riant dans sa moustache, il disait tout bas : « Quand le petit » drôle aura un joli coup de peigne, » et tout cela sur le corps, les fem-» mes de la cour m'en diront des » nouvelles. »

Charles, encore tout entier à la nature et à la reconnaissance, avait pris une plume et du papier; il écrivait à sa mère. Son style était simple comme son cœur; il ne pensait pas à avoir de l'esprit : aussi pas une expression recherchée, et pas un mot qui ne peignît le sentiment.

L'aimable enfant cachetait sa lettre, lorsque la porte s'ouvrit. Le garçon servant introduisit un grand drôle qui se présenta assez bien, et qui assura monsieur le Baron de son dévouement et de son respect. Brandt le fixa, et chercha à retrouver des traits que le temps avait un peu altérés. Celui-ci observa le hussard à son tour, et parut éprouver une surprise agréable. Ils avaient l'air de se dire : « Nous nous connaissons, » mais où nous sommes-nous vus? » Enfin le *frater*, dont les yeux étaient les plus sûrs, parce qu'ils étaient les plus jeunes, demanda à Brandt s'il n'avait jamais passé à Marhek? « Eh! » sacrebleu, m'y voici, s'écria le » hussard. Vous êtes le sergent ba- » varois qui me fit esquiver par la

» poterne, après que j'eus jeté un
» cabaretier dans une chaudronnée
» de tripes. Embrassons-nous, mon
» cher Hantz, je suis enchanté de
» vous revoir. »

On pense bien que, sans autre examen, Hantz fut invité à entrer au service de Monsieur le Baron. A l'instant même il mit habit bas, papillota la plus jolie tête du monde, et pendant que ses *tortillons* refroidissaient, il raconta à son *ancien* comment il avait encore déserté des troupes bavaroises; comment il avait repassé dans la petite Pologne, où il avait repris son métier de coiffeur; comment enfin il était rentré dans sa patrie après l'amnistie que Frédéric II publia à son avènement au trône. Il ajouta, qu'ennemi de toute contrainte, il n'avait voulu s'attacher à personne; qu'il peignait les barons et autres qui descendaient à l'*Aigle Noir*; mais que pour prouver à Brandt le cas particulier qu'il faisait de sa personne, il accédait à toutes ses propositions.

Un élégant fer-à-cheval, cinq à six boucles en ailes de pigeon, une longue queue à rosette, prouvèrent bientôt les talents incontestables du sieur Hantz, et embellirent Charles au point de le rendre méconnaissable à ses propres yeux. Le petit bonhomme se regardait avec complaisance dans la plus haute et la plus large glace qu'il eût encore vue, pendant que Hantz lui chaussait ses bottines, lui passait son frac vert, et donnait le coup de vergette à son chapeau.

Charles, rassasié enfin du plaisir de se voir, se disposa à faire deux visites qu'il jugeait indispensables, parce que sa mère lui avait recommandé de ne les pas différer d'un instant; la première, à monsieur de Spandock, ancien officier aux cuirassiers, qui devait veiller particulièrement sur lui ; la seconde au général comte de Fersen, à qui il devait son admission dans les pages.

Ni lui, ni Brandt, ne connaissaient Berlin ; Hantz s'offrit à leur servir de guide : il marcha en avant, et les conduisit dans le quartier de la Landschaft. C'est sans contredit la partie la plus resserrée et la plus mal-propre de la ville ; mais enfin c'est là que demeurait monsieur de Spandock, à ce que disait la suscription de la lettre, et on ne dispute pas des goûts.

On arrive à la porte, on frappe, on demande à voir monsieur. « On » l'ouvre, répond une vieille gou» vernante. — C'est de la part de son » ami Werner. — On l'ouvre, vous » dis-je. — Mais j'ai une lettre à lui » remettre. — Ce jeune homme est-il » fou ? Vous ne savez donc pas l'ac» cident qui lui est arrivé hier ?

» — Non, qu'est-ce? — Il est mort d'une » goutte remontée. C'est égal, dit » Brandt en prenant la missive, et » en la jetant au nez de la gouver- » nante, voilà la lettre à son adresse : » faites-en ce que vous voudrez ».

Charles ne fut pas très-fâché de la mort d'un homme qu'il ne connaissait pas, et qui, à le juger par la rue qu'il avait choisie, et la mine refrognée de sa gouvernante, ne devait pas être excessivement gai ; et puis le Baronnet, malgré sa modestie apparente, étoit quelquefois tenté de croire qu'il n'avait besoin de personne pour se conduire parfaitement.

Il restait à voir le général, que peut-être on n'ouvrait pas, et Hantz conduisit son nouveau maître dans la rue de Leipsick, où était l'hôtel du comte. Il était sorti à pied pour se rendre à la parade, et nos voyageurs le rencontrèrent au détour de la rue. « Le voilà, dit Hantz, qui » le voyait quelquefois ». Charles l'aborda aussitôt, et lui présenta respectueusement le paquet de Werner. Le général l'ouvrit, et après avoir reconnu la signature, il examina le jeune homme de la tête aux pieds, d'un air sévère et froid. « Combien avez-vous passé de tems » à votre toilette, lui demanda-t-il » sèchement ? » Charles interdit, ne savait que répondre. « Allez faire » couper ce toupet et ces faces, quit-» tez cet habit galonné, et revenez » me joindre sur la place d'armes, » et il continua son chemin. Charles, la larme à l'œil, retourna à son auberge. Hantz, fidèle exécuteur des volontés du général, lui fit en un tour de main une tête à la prussienne ; le modeste habit de voyage remplaça le frac galonné, et on sortit pour se rendre à la place d'armes.

La ligne était formée, les sentinelles placées, et Charles ne savait comment pénétrer jusqu'au comte de Fersen. Brandt, qui ne doutait de rien, se présentait par-tout, annonçait par-tout son baron, et trouvait par-tout des fusils en travers, des poignets fermes et des figures rébarbatives qui ne permettaient pas d'aller plus loin. Brandt, plein de respect pour la consigne, grondait cependant entre ses dents, et ne concevait pas comment tous les passages ne s'ouvraient pas au seul nom du baron de Felsheim, présenté par un homme tel que lui.

Un caporal du régiment des gardes s'approcha enfin. Le dos de la main étendu sur le côté du chapeau, les talons joints, la poitrine ouverte et la tête fixe, il demanda à Charles si ce n'était pas lui qu'attendait monsieur le général. D'après sa réponse, les rangs s'ouvrirent, et Brandt, à la faveur de son uniforme, passa avec son jeune ami. Le général s'avança au-devant de son protégé; il le considéra de nouveau, et ne dit rien. Il parut étonné de voir Brandt une seconde fois, et demanda qui il était. « C'est, répondit le jeune » homme d'une voix assurée, un » brave soldat qui a fait toutes les » guerres avec mon père, qui a sauvé » monsieur Werner à Peterwaradin, » qui a élevé mon enfance, et qui » me sacrifie le reste de sa car» rière. Pourquoi, reprit monsieur » de Fersen, êtes-vous hardi quand » vous avez du bien à dire des au» tres, et me répondez-vous à peine » quand je vous parle de vous? » Charles rougit et baissa les yeux. Le général lui frappa sur l'épaule, et le conduisit vers un gros d'officiers, au milieu duquel était un homme très-simplement vêtu. « Cet homme » que vous voyez là, dit monsieur » de Fersen en s'approchant, est le » roi que vous allez servir. Il n'a ni

» fer-à-cheval, ni boucle à l'aile de» pigeon, ni habit galonné. »

« Est-ce là, demanda Frédéric, » le jeune homme que vous m'avez » proposé? — Oui, sire, et je puis » répondre à votre Majesté qu'il mé» rite le bien qu'on m'en a écrit. — » Comment se nomme-t-il? — Fel» sheim. — Je le sais : son prénom? » — Charles. — Vous direz à mon » adjudant de me l'amener demain » à mon lever; » et il continua de s'entretenir avec les généraux qui l'entouraient. « Le roi se lève à trois » heures, dit monsieur de Fersen à » Charles. Vous viendrez trouver le » commandant de la grand'-garde, » il aura des ordres; allez. Ah! un » mot encore. Vous viendrez me » voir dans quinze jours. Je serai » bien aise de savoir comment vous » êtes avec le roi. »

Charles se retira tout pensif. Il ne savait s'il devait s'applaudir ou se plaindre de l'accueil qu'il avait reçu. Ce n'étaient plus ces douces prévenances, ce tendre intérêt qu'on lui prodiguait à Felsheim. Il ne voyait autour de lui que des maîtres dont rien ne tempérait la sévérité. Il sentit ce que valent de bons parens, et il soupira.

Brandt vint le tirer de sa rêverie, en lui annonçant qu'il aurait le plaisir de dîner avec tous les pages possibles. Il avait abordé ceux qu'il avait trouvés dans le cercle, et les avait invités à venir faire connaissance le verre à la main, avec leur nouveau camarade. Les pages du roi de Prusse ne font pas une chair splendide : ces messieurs ne furent pas fâchés de se dédommager un peu de leur frugalité forcée, et ils se promirent surtout de s'amuser du nouveau débarqué en buvant son vin. Ils avertirent promptement ceux qui n'étaient pas de service, et le roi était à peine sorti de table, qu'une quinzaine de jeunes gens de quatorze à dix-huit ans entrèrent à l'*Aigle-Noir*.

La figure et le maintien de Charles plurent au premier coup-d'œil. Il parut timide, et même embarrassé un moment; mais quelques mots heureux et le ton du grand monde, firent avorter les projets de persiflage. On se disait à l'oreille que le nouveau venu avait l'air bon enfant; on lui fit les avances avec cette cordialité qui distingue cet âge heureux, et au bout de dix minutes on se parla comme si on s'était connu depuis dix ans.

On servit un dîner tout-à-fait différent de celui que Brandt avait dirigé au château de Felsheim, seize ans auparavant. La somptuosité et l'élégance de celui-ci, surprirent agréablement le hussard, et les éloges de messieurs les pages mirent le comble à sa satisfaction. Charles joua parfaitement le rôle de maître de maison; il fit les honneurs avec une grâce, une amabilité et une politesse, qui lui méritèrent des applaudissemens unanimes. A chaque mot flatteur, Brandt versait à la ronde, et assaisonnait son vin de quelque trait plus ou moins plaisant. On y répondait, il allait son train, et bientôt la conversation se monta sur le ton le plus gai.

Les vins étrangers ajoutèrent à la belle humeur. On rit, on parla, on chanta tout ensemble. Les espiègleries succédèrent aux chansons. On se faisait des niches, on s'échappait, on se poursuivait, on renversait les meubles : rien n'était joli comme cela!

Le temps s'écoulait; on ne pensait pas que le roi montait à cheval à quatre heures. Il en était trois et demie; l'écuyer cherchait les pages, et ne les trouvait pas. Il sortit sur la place d'armes, et les éclats de voix qui partaient de l'*Aigle-Noir*, le mirent d'abord au fait. Il tremblait que ces étourdis ne fussent ivres ; ils n'étaient heureusement qu'échauffés. Il entra dans la chambre où se passait l'orgie, avec le sérieux et la morgue d'un officier subalterne. A son aspect, la gaîté s'évanouit ; on se lève, on se heurte, on se presse, c'est à qui sortira le premier. On entraîne après soi les tréteaux, la table, les bouteilles, les porcelaines, les cristaux ; tout est renversé, tout est en pièces ; mais qu'importe? on a franchi l'escalier, volé à travers la place ; on entre à l'écurie, on bride son cheval, on saute en selle, et le roi n'a pas paru encore.

Brandt n'avait pas entendu faire les choses avec autant de magnificence. Il comptait simplement restaurer ces messieurs, et il n'était pas disposé à renouveler les ustensiles de la maison. Il resta pétrifié à la vue des débris qui couvraient le parquet. Son œil se porte douloureusement sur un ameublement de damas gris-de-lin. Les liqueurs, les sauces, en ont couvert une partie; les bottes ont mis le reste au noir de fumée. A cet aspect, Brandt trépigne, jure, sacre, tempête, il a des crispations. « Ne te fais pas de peine, mon ami, » lui dit Charles, cela ne remédie à » rien. Je ne vois qu'un parti à pren» dre, c'est de payer, et se taire. — » Ni l'un ni l'autre, corbleu! — » Prends donc garde que tu vas me » compromettre. Le roi, dit-on, » n'entend pas raillerie sur les sotti» ses de ses gens. » Brand ne savait pas répliquer, dès qu'il s'agissait des intérêts de son baron, et il demanda la carte.

Dix frédérics d'or (1) pour un dîner! Brandt ne concevait pas que douze à quinze jeunes gens eussent pu manger autant d'or : cependant

(1) Le frédéric d'or valait 20 livres.

il paie les dix frédérics. On lui présente aussitôt un second mémoire pour effets cassés, meubles gâtés, etc., le tout réglé en conscience à trente frédérics. « Sacré mille canons! » s'écrie-t-il en resserrant son or, si » je paie cela, que le diable m'extermine! Je casserai plutôt ce qui » reste dans la maison. — Joli expédient! pense donc que le roi.... — » Le roi.... le roi.... c'est bien pour » ne vous pas brouiller avec lui que » je lâche mes espèces. Pauvre bourse! elle était si rondelette tout-à-l'heure, et il n'y reste presque rien. » J'avais bien besoin de vous faire » jouer l'altesse! Imbécille! avec les » meilleures intentions du monde, » je ne fais jamais que des sottises. »

L'hôtelier s'était retiré en faisant de profondes révérences que Brandt n'avait pas seulement aperçues. Il était étendu sur un canapé, tenant toujours sa pauvre bourse; il la tournait, la retournait, et la regardait en soupirant. Il tire enfin un petit sac de peau de la doublure de son gilet; il l'ouvre, pousse encore un profond soupir, et le vide dans la bourse. « Que fais-tu là? dit Charles. — Je » répare mes extravagances. — Cet » argent... — Il est bien à moi; ce » sont mes petites épargnes. Mon » ami, lui dit Charles en pleurant de » tendresse, je ne le souffrirai pas. » — Seriez-vous humilié de faire » bourse commune avec moi? Ai-je » rougi de vivre dix-sept ans des bien» faits de votre famille? Moins de » fierté, jeune homme; ménagez le » compagnon d'armes de votre père.» Charles ne le heurtait jamais que dans les choses où il pouvait se compromettre. Il l'embrassa avec une effusion d'ame bien naturelle en un pareil moment, et il se promit de dédommager un jour son vieux ami de ce nouveau sacrifice.

Quand on fut un peu calmé, on se

consulta sur ce qu'on allait faire. Il n'y avait pas d'apparence de rester plus long-temps dans une auberge où on dépensait quarante frédérics en deux heures : on sortit pour aller chercher un logement qui ne fût pas meublé de damas, et où on ne fût pas servi en porcelaine.

Charles et son valet-de-chambre devaient loger au château ; il ne fallait à Brandt qu'une chambre modeste et un bon lit : on trouva cela justement chez un charcutier qui débitait du vin, situation tout-à-fait convenable aux habitudes du bonhomme. On y fit transporter les paquets et la malle, et on soupa aussi modestement qu'on avait fait de fracas à dîner.

« Couchez-vous, dit Brandt à son » baron, en se levant de table. — » Mais tu n'as qu'un lit ? — Je dor» mirai demain... — Mais... — Hé » sacrebleu, que de raisons ! couchez-

» vous, vous dis-je : vous présente-
» rez-vous devant le roi avec les yeux
» battus, la figure alongée, et lui
» répondrez-vous en lui bâillant au
» nez? » Il fallut, bon gré, mal gré, que le jeune homme se laissât mettre au lit. Hantz et Brandt prirent une table et des tarots, ils mirent un pot de vin à côté d'eux, et commencèrent une partie qui dura jusqu'à deux heures et demie.

« Allons, jeune homme, debout, » cria le hussard, dès qu'il eut entendu l'horloge. Charles ouvrit les yeux, étendit les bras, se tourna du côté du mur, et se rendormit : de sa vie il ne s'était levé si matin. Brandt prend le matelas, et le tire au milieu de la chambre. « Levez-vous donc, mille
» morts, vous n'avez plus qu'une de-
» mi-heure à vous. » Charles bataillait encore avec son oreiller : le bonhomme lui lève la chemise, et lui jette une potée d'eau au derrière Le baron fait un saut, jette un cri, court

par la chambre, et rit de tout son cœur en prenant le linge sec que lui présentait son valet-de-chambre.

Dès qu'il fut prêt, il se rendit à la grand'-garde, accompagné de ses deux acolytes. L'officier de poste lui demanda ce que voulaient ces deux hommes. « L'un, répondit Charles, » ne m'a jamais quitté; l'autre est » mon valet-de-chambre. Les pages » n'ont pas de valet-de-chambre, ré- » pondit l'officier en levant les épau- » les. Ils logent dans le même corri- » dor, se peignent entr'eux, s'habil- » lent eux-mêmes, et donnent très- » peu de temps à ces niaiseries. Quant » à celui qui ne vous a jamais quitté, » il faut vous en séparer : le roi n'en » a pas besoin. Mais j'entends trois » heures, marchons. »

Brandt se faisait une fête de voir l'accueil distingué que le roi ne pouvait pas manquer de faire à monsieur le baron, et il fut très choqué du refus qu'il éprouvait : il allait en témoigner son mécontentement à sa manière accoutumée, mais Charles le devina, lui serra la main, et le bonhomme se retira avec Hantz, sans proférer un mot.

Ils rentrèrent à leur logement, et se couchèrent dans les draps de monsieur le baron. Ils étaient trempés, ainsi que le matelas, mais de vieux soldats n'y regardent pas de si près. Ils dormirent une partie de la journée, et arrêtèrent, le verre à la main, que puisque les pages n'avaient pas de valets-de-chambre, Hantz continuerait à donner des coups de peigne à l'*Aigle Noir;* qu'en raison de la conformité de leurs caractères, ils logeraient désormais ensemble, et que les économies résultantes de cet arrangement, leur permettraient roquille de plus à chaque repas.

Le commandant du poste remit Charles à l'adjudant, qui l'attendait en se promenant en long et en large. « Vous allez paraître devant Frédé- » ric, lui dit ce dernier; peut-être » vous interrogera-t-il : de la pré- » sence d'esprit, et surtout des ré- » ponses courtes et précises. » Le pauvre petit Charles ne savait où il en était. Ce qu'il voyait, ce qu'il entendait, n'avait nulle espèce de rapport avec ses habitudes passées. Il fallait devenir un homme nouveau ; il le sentit, et se résigna.

Charles entra chez le roi. La simplicité de son costume, qui semblait dire à l'observateur : l'entourage n'est quelque chose que quand l'individu n'est rien ; la facilité avec laquelle on l'approchait ; le feu perçant de ses regards, ce que la renommée publiait déjà de ce prince, tout s'accordait pour pénétrer le jeune homme d'étonnement et de respect. Il se tenait debout contre la porte, ses mains jointes par-dessus son chapeau ; il retenait son haleine, le cœur lui battait avec une force incroyable.

Le roi avait devant lui une carte de la Silésie. Il réfléchissait profondément, et écrivait quelques notes de sa main. Il se tourna enfin du côté du jeune page, et lui fit signe d'approcher de son bureau. « Quel âge » avez-vous? — Quinze ans et demi. » — Que savez-vous? — Bien peu » de chose, sire. — Point de mots : » que savez-vous? — Un peu de ma- » thématiques, de dessin, de géo- » graphie, d'histoire, de musique. » — Voyons cela : comment prenez- » vous la surface d'un cercle? — En » multipliant la circonférence par la » moitié du rayon. — Qu'est ce que » la peinture? — L'art d'imiter les » objets par le moyen des ombres et » des clairs. — Quelle est la premiè- » re forteresse de la Silésie, du côté » des états de Brandebourg? — Glo- » gau. » Le roi se tut un moment, et regarda Charles très-fixement. L'en-

fant, embarrassé au-delà de toute expression, ne savait quelle contenance prendre. « Levez les yeux, et re-
» gardez-moi. » Charles se remit un peu. « Savez-vous lever un plan? —
» Je n'ai jamais essayé. — Etes-vous
» en état d'en copier? — Oui, sire.
» — Savez vous monter à cheval? —
» Ma mère n'a pas voulu permettre...
» — Savez-vous monter à cheval? —
» Non, sire. — Craignez-vous les
» chevaux? — Je ne crains rien. —
» Voilà comme j'aime qu'on me ré-
» ponde. Monsieur l'adjudant, je
» place ce jeune homme dans les
» pages de ma chambre. Il ne suivra
» pas les leçons du précepteur. Vous
» le ferez monter à cheval deux heu-
» res le matin et autant l'après-dîner.
» Je veux qu'il puisse me suivre
» avant un mois. Allez le faire ha-
» biller. »

L'adjudant d'Herleim était un vieil officier qui avait passé par tous les grades sous le feu roi. Son exactitude ne s'était jamais démentie; il avait un sens droit, et une sensibilité qu'on trouve rarement dans ceux qui ont vieilli sous les armes. La figure de Charles l'avait prévenu en sa faveur, et la manière dont il venait de répondre au roi, lui inspira un intérêt qui augmenta chaque jour. Il donna au jeune homme des conseils fondés sur la connaissance intime du caractère du prince; il l'assura qu'il avait plu; il lui apprit que le roi n'admettait dans les pages de sa chambre que les jeunes-gens qui lui paraissaient dignes de ses bontés; enfin il lui répondit de sa fortune, s'il était sage et laborieux.

Le ton brusque et imposant de Frédéric ne promettait rien de bien avantageux : Charles était loin de se croire si avancé. Il était sorti de chez le roi, le cœur serré, et il avait besoin de quelqu'un qui compatît à sa situation. La bienveillance et la familiarité de l'adjudant lui parurent d'un prix inestimable : il était le seul qui eût daigné se mettre à la portée de son âge. Charles, sensible comme sa mère, s'attacha sincèrement à monsieur d'Herleim. Heureux, si la fougue de la jeunesse lui eût toujours permis d'écouter cet homme prudent, et de suivre ses avis !

Monsieur d'Herleim fit venir le tailleur et l'écuyer, et exécuta les ordres du roi. Dès que Charles eut fini avec le premier, le second s'empara de lui, le conduisit au manège, et lui donna sa première leçon. Après l'équitation, les pages allèrent déjeûner, et se firent un plaisir de fèter à leur tour le nouveau camarade. Le plus joli et le plus éveillé de tous, après Charles, le jeune Théodore, qui était aussi de la chambre du roi, le conduisit aux écuries, dans les corridors, à la salle d'étude ; il lui fit voir ce qu'il y avait de remarquable au château, dans les jardins ; il lui conta quelques anecdotes de cour, tourna ses supérieurs en ridicule avec beaucoup de gaîté et de finesse; enfin il lui offrit son amitié, et lui demanda la sienne.

Charles reçut avec transport les offres de son camarade. Ils se promirent de passer ensemble tous les momens dont ils pourraient disposer. Le jeune baron avait trop peu d'expérience pour sentir que celui qui plaisante ses chefs ne les estime pas, et que le mépris de ses supérieurs conduit insensiblement à la négligence et à l'oubli de ses devoirs. Il ne voyait dans Théodore qu'un extérieur agréable, que des saillies vives et spirituelles rendaient plus piquant encore; il était séduit surtout par une conformité de goûts et d'humeur à laquelle on ne résiste pas dans la première jeunesse.

Cette nouvelle liaison ne lui fit pas oublier encore ce qu'il devait à la reconnaissance et à la nature. Dès qu'il fut seul, il courut chez Brandt, et lui raconta avec ravissement les événemens de la matinée. Le bonhomme l'écoutait, la bouche ouverte, les yeux humides; il se transportait dans l'avenir; il voyait Charles général-major pour le moins. « Si je » pouvais vivre jusque-là, disait-il » en le tirant entre ses jambes, et en » le pressant contre sa poitrine! » Ecrivez, monsieur le Baron, écri» vez tout cela à madame, comme » vous venez de me le conter. » Charles écrivit, et n'omit pas un mot de ce que lui avait dit le roi, et de ce qu'il avait répondu. Il remercia Werner, dont les soins avaient préparé son avancement; il finissait en assurant sa mère que rien n'altérait son bonheur, que le regret d'être séparé d'elle. Il envoya la lettre à la poste, et revint partager le dîner de ses camarades.

Les pages mangent dans une salle

commune. Ils sont soumis à l'adjudant, pour tout ce qui a rapport à leur service ; la police intérieure est confiée à un précepteur qui les élève le moins mal qu'il lui est possible, et qui occupe le haut bout de la table pour y maintenir l'ordre. Charles s'était placé à côté de son ami Théodore, et ils faisaient à voix basse leurs petites observations sur l'air capable et important de monsieur le précepteur. Celui-ci avait trouvé fort extraordinaire que Charles fût dispensé d'assister à ses leçons ; il le regardait un peu de travers, et à la fin du repas il lui fit quelques questions avec le ton tranchant d'un cuistre de collége. « Pourriez-vous me dire » monsieur, lui demanda-t-il entr'autres niaiseries, où se réuniraient deux lignes parallèles prolongées à l'infini ? — Pourriez-vous m'apprendre, vous, quand vous trouverez la quadrature du cercle? » Les pages partirent d'un éclat de rire, le précepteur se mordit les lèvres, et se promit bien d'humilier Charles à la première occasion.

On allait se lever, lorsqu'un valet-de pied vint dire au petit baron que le roi le demandait. Frédéric, servi moins somptueusement qu'un simple marquis français, ne restait à table qu'une demi-heure, parlait peu, et s'occupait sans cesse de grands projets qui éclatèrent au bout de quelques mois.

Charles courut, comme on peut le croire. Il trouva chez le roi une table dressée, du papier de Hollande, des couleurs et un étui de mathématiques. « Copiez-moi ces deux plans, » lui dit Frédéric, et sur votre tête » ne parlez à personne du travail » que je vous fais faire. » Ces plans étaient ceux de Glogau et de Breslaw. Ils étaient exacts, mais usés, déchirés même en plusieurs endroits. Charles appliqua une feuille de papier sous le premier plan, et se disposait à piquer. « Si j'avais voulu » des plans calqués, vous n'auriez » pas trouvé ici d'instrumens. — » Cette méthode abrège beaucoup. » — Croyez-vous me l'apprendre? » — Pardon, sire.... — Copiez, et » taisez-vous. »

Charles commença, et ne dit plus un mot. Le roi se remit à son bureau, travailla de son côté, et de temps en temps il se levait, et venait s'appuyer sur le dos de la chaise de Charles. Il examinait sa méthode, le laissait faire, et retournait à sa place. Vers la nuit, il sonna, et demanda monsieur d'Herleim : « Monsieur » l'adjudant, lui dit-il, Théodore » est de semaine, mais de quelques » jours je n'aurai besoin de ses ser» vices. Charles couchera ici, et je » lui enverrai de ma table ce qui » lui sera nécessaire. »

D'Herleim sorti, le roi prit sa flûte : la tête d'un prince a besoin de relâche comme celle d'un goujat. La musique délassait Frédéric et lui rafraîchissait l'imagination. Charles, passionné pour cet art, oubliait Glogau et Breslaw. Il écoutait, il battait la mesure, et applaudissait à certains traits assez brillans. « A propos, dit » le roi, qui avait toujours les yeux » sur lui, vous m'avez dit que vous » êtes musicien : de quel instrumen » jouez-vous? — Du violon, sire. — » Passez dans ce cabinet, et prenez-» en un. Bon. Je vais vous donner » le *la* : voyons ce *duo*. — Oserai-» je, sire.... — Voyons ce *duo*. — » C'est abuser.... — De ma patience : » obéissez. »

Voilà donc le monarque et son page, oubliant, l'un son rang, l'autre son infériorité, faisant de la musique et rivaux en talens. « Bien, » fort bien, disait quelquefois Fré-

» déric. Au mieux, à merveille, sire, » s'écriait Charles, l'instant d'après. » Et tu n'as que quinze ans et demi, » dit Frédéric à la fin du *duo* ? — » Pas plus, sire. — Qui a fait ton » éducation? — Le colonel Werner. » — Il s'est distingué à Peterwara- » din? — Oui, sire. — Il y a près » de seize ans de cela? — Oui, sire. » — Et il est resté colonel? — Oui, » sire. — Et tu n'as pas eu d'autre » maître? — Non, sire. » Le roi prit une plume, écrivit quatre lignes, et serra le papier dans sa poche. « Allons, Charles, c'est assez faire » les virtuoses; remettons-nous au » travail. »

Huit jours s'écoulèrent ainsi. Charles bâillait quelquefois sur ses forteresses, et dessinait à la dérobée quelques caricatures; mais enfin le neuvième jour il avait terminé ses deux plans, et mis au net un manifeste que le roi comptait publier au moment où il entrerait en Silésie. Frédéric, qui avait trouvé au jeune homme un jugement assez avancé, et qui peut-être se laissait aller au petit amour-propre d'auteur, demanda au page ce qu'il pensait de son manifeste. « Ma foi, sire, je » l'aurais fait beaucoup plus court. » — Ah! ah! et comment aurais-tu » fait? — Le voilà, sire : Mes ancê- » tres ont renoncé à la Silésie, parce » qu'ils étaient les plus faibles; je la » reprendrai, parce que je suis le » plus fort. — Tu as raison, mon » ami; je n'ai fait qu'amplifier et co- » lorer cette idée; mais il faut aux » peuples de grands mots et de lon- » gues phrases : c'est avec cela qu'on » les mène. »

Le dixième jour au matin, le roi regarda Charles en souriant; Charles sourit à son tour. Le roi passa et repassa auprès de lui, se frottant le menton et riant toujours; enfin il lui demanda s'il avait bien dormi. « Fort bien, sire. — Et tu n'as pas » rêvé? — Non, sire. — J'ai rêvé, » moi, qu'il était arrivé à l'auberge » de la *Couronne* quelqu'un que tu » ne seras pas fâché d'y trouver. Va » voir un peu ce qui en est : tu » dois avoir la tête fatiguée; je te » donne *campo* pendant quatre jours.» Le page ne se le fait pas répéter : il range ses papiers, prend son chapeau; il allait sortir, le roi le rappelle : « Qu'en passant le seuil de » cette porte, vous ayez oublié ce » que vous y avez fait : il y va du » sort de toute votre vie. » Charles avait appris de bonne heure que la discrétion est une des premières qualités qui constitue un honnête homme. Il assura le roi de son entier dévouement, et partit comme un trait.

Il se souciait fort peu de ceux qui étaient ou n'étaient pas à l'auberge de la *Couronne*; mais il était bien aise de courir par la ville avec un uniforme couvert d'or, que, sans s'en douter, il embellissait encore. Il passa par la salle d'étude, dit deux mots à son ami Théodore, qu'il n'avait pas vu depuis *des siècles*, lui donna rendez-vous pour le soir dans la rue *des Arbres*, sortit du palais, et arriva en deux sauts à la chambre de Brant. Le bonhomme était sorti; il n'était que six heures du matin, et Charles ne savait que faire. Ce n'était pas le moment d'être vu : tous les gens *comme il faut*, hors le roi, dormaient encore. Charles entra dans un estaminet, et se fit servir un déjeûner qu'il prolongea le plus long-temps qu'il put. Enfin le désœuvrement, et peut-être un peu de curiosité, le poussèrent à la *Couronne*.

Il demanda s'il n'était arrivé personne la veille. On lui répondit qu'on avait reçu un officier-général, commandant de Stavenow. « Qu'ai-je de » commun, disait Charles, avec le

» commandant de Stavenow? Qui
» sont les autres personnes que vous
» avez chez vous? — Quelques mar-
» chands de Leipsick. — Je ne con-
» nais pas de marchands; et com-
» ment s'appelle votre général? —
» Les postillons m'ont dit ce qu'il
» était, mais j'ignore son nom. —
» Où est-il logé? — Au grand appar-
» tement au premier. »

« Monterai-je, se disait Charles?...
» ma foi, non; car enfin que dirai-je
» à ce général?... Cependant il n'y a
» pas d'apparence que le roi ait voulu
» se moquer de moi; et puis, que lui
» répondre s'il m'interroge?... Oui,
» je monterai. Que risquai-je, après
» tout? avec l'habit que je porte, on
» est toujours bien reçu. » Il arrive à l'appartement, il écoute, il réfléchit encore, il frappe enfin. Personne ne répond. Il ouvre, traverse l'antichambre et un salon; la porte de la chambre à coucher était entr'ouverte, il la pousse, il entre, et se laisse aller

sur un fauteuil, accablé par la joie et la surprise : c'étaient sa mère et Werner.

Le nouveau général était venu prendre les ordres du roi, et le remercier de cette dernière faveur. Madame Werner avait profité de l'occasion ; elle n'avait pas vu Berlin : on se doute de ce qu'elle y venait voir. Vous qui me lisez, si vous êtes père, vous pressentirez aisément ce que cette entrevue inopinée eut de charmes pour l'aimable famille.

On ne connaissait pas les usages de la cour ; on n'avait su par qui ni comment faire appeler Charles ; mais au point du jour, on avait mandé Brandt. Le brave homme était accouru, et, pendant deux heures consécutives, il n'avait cessé de parler du Baronnet. Il avait glissé sur l'aventure du coche, et sur le dîner de l'*Aigle-Noir* ; du reste rien n'avait été oublié : un mot, un geste, un regard, tout était rappelé avec la plus scrupuleuse exactitude, et on avait attendu, en s'entretenant du joli page, le moment heureux de l'embrasser. Charles, toujours attaché au vieux hussard, saisit en homme habile ce moment où une mère ne sait rien refuser. Il parla des quarante frédérics, du désintéressement du brave homme; il pressa, baisa sa maman sur les deux joues, et le petit sac de peau fut remis dans son premier état.

Werner comptait se faire présenter par le comte de Fersen. Charles se faisait un plaisir secret de prouver qu'il avait déjà du crédit en cour. « Venez, venez, dit-il, ne dérangez » personne. Je vous présenterai, » moi, et j'espère que vous serez » bien reçus. Allons, maman ». Madame Werner se défendait. « Venez, » vous dis-je, le roi ne sera pas fâ- » ché de connaître ma mère. —

» Mais, mon enfant, il faut se coif-
» fer, s'habiller. Non, non, dit
» Charles, en leur prenant la main à
» tous deux. Frédéric n'a ni fer-à-
» cheval, ni boucles à l'aîle de pi-
» geon, ni galon sur son habit ».

En traversant les appartem ns, Charles se donnait des airs de courtisan; il faisait l'important avec les uns, l'aimable avec les autres, il parlait à tous, il les nommait à sa mère, et en quatre mots il leur faisait leur portrait. Il trouva son vieux ami monsieur d'Herleim dans l'antichambre du roi, et lui présenta son beau-père. Après les premiers complimens, l'adjudant dit quelques mots à l'oreille de Werner, et Charles, qui avait l'œil au guet, jugea à la manière dont on le regardait, qu'on ne disait pas de mal de lui. La maman, à qui rien n'échappait, fit la même observation, et sourit à l'aimable enfant.

Il entra chez le roi, et annonça sa mère et le nouveau général. Le roi se leva, et fit quelques pas au-devant de madame Werner. « Vous m'avez » fait un vrai cadeau, lui dit-il, et » j'ai cru devoir vous en marquer » ma reconnaissance en avançant un » officier auquel vous prenez quel» qu'intérêt ». Madame Werner, attendrie et hors d'elle, ouvrit ses bras pour embrasser un enfant si cher : le respect et un geste de son mari l'arrêtèrent. « Allez, allez, dit » le roi en poussant Charles par les » épaules, suivez l'impulsion de la » nature ». Il donna à Werner un papier qui renfermait ses instructions, et se remit à son bureau.

On sortit. Werner alla faire une visite à monsieur de Fersen; il le ramena avec lui, on dîna, et on passa une partie de la journée ensemble. Charles se plaisait beaucoup avec ses parens; cependant il pensait au rendez-vous de la rue *des Arbres*. Pendant dix jours, il avait fait l'ingénieur et le diplomane; il avait envie de faire un peu le page. Il demanda une heure à sa mère, et fut joindre son camarade.

Le jeune Théodore, bien plus avancé que Charles d'un *certain côté*, se promenait en attendant son second. Le chapeau sous le bras et un gros bouquet à la main, il parcourait les allées et fixait toutes les jolies femmes. Il souriait à celles qui avaient trop de réputation; il affectait de passer et de repasser auprès de quelques autres qui étaient d'un rang à ne pas craindre les espiègleries d'un page, mais qui étaient assez intéressantes pour mériter son attention.

Le petit fripon cherchait à se fixer, et il savait déjà que l'orgueil de la naissance ne tient pas contre les grâces d'un joli homme. Il prît Charles sous le bras, et en deux tours de promenade il le mit au fait de mille petits *riens* que celui-ci avait bien soupçonnés, mais qui n'avaient pas encore excercé son imagination. On va vîte en plaisir : tout est précepte, tout est exemple, et il n'est rien qu'à seize ans on ne brûle de réaliser. Charles était né avec des dispositions trop marquées, pour ne pas avancer rapidement sous un maître comme Théodore.

La soirée était belle. Ce qu'il y avait de mieux à Berlin, était réuni dans la rue *des Arbres*. Ce n'est pas, à beaucoup près, la plus belle promenade de cette capitale : le parc, qui touche aux portes de la ville, n'aurait rien en Europe qui pût lui être comparé, sans le double inconvénient du sable, où on ne peut s'enfoncer qu'en bottes, et des cousins, qui piquent indistinctement la princesse et la petite bourgeoise. La mode d'ailleurs étend partout son empire, et il était du bon ton de se montrer dans la rue *des Arbres*. Charles, qui ne connaissait encore que quelques villages de la Basse-

Saxe, fut étonné en voyant une multitude de femmes parées de tout ce que l'art peut ajouter à la nature. De l'étonnement, il passa à l'admiration. Bientôt les expressions véhémentes de son ami, les atraits qui s'offraient à lui à chaque pas, et qui s'emblaient défier le plus sévère observateur, portèrent le trouble dans son ame : une vie nouvelle semblait l'animer ; le désir et la pudeur, qui se combattaient encore, coloraient ses joues d'un incarnat si vif, et donnaient à ses traits un charme si touchant, que la femme la plus insensible s'en fût difficilèment défendue.

Une jeune personne dans l'éclat de la beauté naissante, fixa particulièrement ses regards. Elle était assise à côté d'une dame âgée qui, selon les apparences, était chargée de veiller sur elle. Un instinct naturel fit sentir à Charles que la vieillesse est l'ennemie des plaisirs et des amours. Il s'observa, il craignit d'éveiller le soupçon; ce n'était qu'à la dérobée qu'il regardait cette femme intéressante, mais comme il la regardait! ses prunelles embrâsées et humides, portaient le désordre et le feu dans le sein de celle qu'il adorait, sans s'en douter encore. Une femme ne se trompe jamais sur les sentimens qu'elle inspire, et celle-ci s'applaudit de son triomphe. Il était si beau ce petit Charles, il était si bien tourné, ses yeux étaient à la fois si expressifs et si doux, qu'on ne pensait pas à lui disputer la victoire. Au cinquième ou sixième tour, on était à-peu-près d'intelligence, quoiqu'on ne se fût pas dit un mot. On suivait Charles autant que la foule et la distance pouvaient le permettre; on le cherchait encore quand on l'avait perdu, et on l'attendait au retour.

Il n'est point de novice en amour. Il jugea qu'il avait plu; un soupir soulagea son cœur; il s'embellit encore de l'espoir du succès; sa démarche devint aisée, ses mouvemens souples et gracieux. Le sourire de la volupté vint errer sur ses lèvres, et la jeune personne, bien innocente, bien incapable de réfléchir, lui sourit à son tour.

Charles tremblait qu'elle ne fût remarquée de Théodore. On est si neuf, on est si gauche quand on aime pour la première fois! il semble que l'objet qu'on préfère ait droit aux hommages de l'univers; on ne voit que des rivaux, on ne prévoit que des obstacles. Cependant l'heure de se retirer approchait: Charles ne pouvait faire attendre sa mère. Il était dur de ne pas connaître celle qui était tout pour lui; il était cruel de ne savoir où la retrouver. Il affecta l'air et le ton de l'indifférence, en demandant à son ami qui était cette jeune personne. On ne sait pas feindre à seize ans, et plus Charles faisait d'efforts, plus il était facile à pénétrer. Théodore, qui ne manquait pas d'usage, le plaisanta d'abord, l'encouragea ensuite, et le força ainsi à le mettre dans sa confidence. Il promit de découvrir bientôt la beauté qui avait sur lui tant d'empire, et les deux amis se séparèrent, après être convenus de se retrouver le lendemain au même endroit. Théodore alla faire son service, et Charles retourna à l'*Aigle Noir*.

Il soupa peu, et ne dormit pas. On n'aime point impunément à cet âge. Son inconnue était plus forte que la fatigue et le sommeil. Il voyait sa chevelure blonde, sa taille svelte, son pied mignon; son œil voluptueux et timide brillait à travers les ténèbres: il voyait ce sourire enchanteur, qui avait porté dans ses veines le feu du désir et les douceurs de l'espérance. Tantôt il tremblait de ne pas la revoir, tantôt il comptait sur l'exactitude de ses recherches ; quelquefois il attribuait au hasard ce qu'il avait pris pour l'effet d'une sympathie marquée ; l'instant d'après il se flattait qu'on n'attendait que son aveu pour se déclarer à son tour ; enfin le jour le surprit dans ces anxiétés ; il se leva et passa chez sa mère.

Les ordres que Frédéric avait remis à Werner portaient, entr'autres choses, que sans le moindre délai il se rendrait à son commandement. On devait partir le lendemain pour Stavenow, et la famille était invitée chez le comte de Fersen : Werner seul avait accepté. La digne mère avait opposé des apprêts, des embarras ; elle voulait être seule avec son fils. Une mère aime partout, mais les caresses les plus innocentes redoutent les témoins : on ne jouit vraiment que dans la solitude et le silence.

Charles trouva à peine un moment vers le soir. Il court, il vole à la rue *des Arbres*. Il en parcourt les différentes allées : il va, il vient, il cherche ; il ne trouve que Théodore, et déjà l'amitié ne lui suffit plus. Il se plaint de l'absence de son amante, il se plaint avec plus d'amertume encore, quand il sait que Théodore n'a rien découvert. Ce dernier s'était engagé inconsidérément, et avait promis plus qu'il ne pouvait tenir. La confiance et la présomption accompagnent toujours la jeunesse.

Charles ne pouvait se résoudre à s'éloigner ; il espérait encore voir paraître son inconnue : l'illusion parait de ses charmes celle à qui l'éloignement donnait quelque ressemblance avec l'objet de sa tendresse. Il courait au devant d'elle, et à mesure qu'il s'approchait, la ressemblance et l'espoir s'évanouissaient à-la-fois. Sa mère partait au point du jour; il n'avait que peu d'heures à passer avec elle. Il balança quelques temps entre la nature et l'amour : l'amour céda enfin à la nature, mais ce sacrifice fut le dernier.

Monsieur et madame Werner étaient à peine partis, que Charles, libre encore pendant deux jours entiers, s'occupa uniquement de son amour. Il parcourut la rue Guillaume, celle de Leipsick, il retourna *aux Arbres*, il traversa le Parc, il entra dans les églises, aux spectacles, il marcha enfin au hasard dans les différens quartiers de Berlin. Il s'arrêtait devant les maisons qui avaient un peu d'apparence, il examinait les croisées, il interrogeait les commissionnaires du coin, et n'était pas plus avancé. Il se désolait, et ne concevait pas qu'on pût vivre à Berlin, et ne pas connaître sa belle.

Ceux a qui il en parlait ne concevaient rien non plus à l'opiniâtreté d'un jeune homme qui ne se lasse pas de chercher une femme qu'il n'a vue qu'en passant, à qui il n'a point parlé, et dont il ne sait pas même le nom : ceux-là n'étaient point amoureux.

La seconde journée se passa de la même manière, et avec aussi peu de succès. Le devoir rappelait Charles au palais, et il renonça malgré lui aux plus agréables chimères. Il revenait triste et pensif, et suivait la rue aux Ours, habitée par cette espèce de femmes qui n'ont d'autre métier que de n'en faire aucun. Charles n'était pas encore corrompu. Il s'étonnait qu'elles offrissent leurs faveurs, qu'elles se prêtassent à ce que la débauche peut imaginer de plus dégoûtant, qu'elles bravassent les mauvais traitemens, l'infamie et la misère qui les attend plus tard, et cela pour une misérable rétribution qui fournit à peine aux besoins de la journée. Il donnait de l'argent à celles qui l'accostaient, et leur parlait raison et morale. On prenait son argent, et on se moquait de sa morale et de sa raison.

Théodore, moins délicat, sortait de chez une de ces dames, et fut stupéfait de trouver son ami prêchant au milieu de la rue. Un page missionnaire est en effet un phénomène dans toute l'acception du mot. Il rit aux éclats de la candeur du camarade, et lui conseilla, en l'emmenant, de prendre le monde comme il est. Charles n'entendait pas raillerie là-dessus, et citait tous les apophthegmes moraux qui lui revenaient à la mémoire. Théodore le convainquit, en le prenant par son côté faible : « Les tempêtes, lui » dit-il, purifient les airs; les poi» sons deviennent salutaires entre » les mains d'un médecin habile,

» les vices qui infectent une partie » des humains, sauvent l'autre partie » de la contagion, et sans les filles » de la rue aux Ours, ta belle in» connue et celles qui lui ressem» blent, ne seraient nulle part en » sûreté. Vois les travers de ton » siècle d'un œil indifférent, jouis » de ce qui te plaît, laisse ce qui te » répugne, et surtout ne te fâche » de rien ».

Ils allaient sortir de cette rue, lorsqu'ils s'aperçurent qu'un homme assez bien mis les suivait de très-près, et leur parlait à demi-voix. Ils prêtèrent l'oreille : on leur proposait de se joindre à des messieurs très-honnêtes qui se rassemblaient dans une maison voisine. Une assemblée d'honnêtes gens dans la rue aux Ours! Théodore sentait bien qu'un homme estimable pouvait, par fois, s'y égarer un quart d'heure; mais que la probité, les talens, la décence pussent s'y réunir, voilà ce qu'il ne comprenait point.

Il proposa à Charles de voir un peu ces prétendus honnêtes gens, auxquels on s'agrégeait avec tant de facilité. Celui-ci, indifférent sur tout ce qui n'était pas amour, se laissa entraîner. Le conducteur officieux leur fit enfiler une allée longue et obscure. On arriva à un escalier difficile et étroit, qui conduisait à une porte épaise, au milieu de laquelle était un guichet. Le guide frappa trois petits coups; un grand drôle à moustaches regarda par le guichet, et à l'aspect de l'introducteur, la porte s'ouvrit. Nos jeunes gens, un peu déconcertés par cet air de mystère, ne savaient s'ils entreraient ou s'ils reculeraient. La curiosité, et la confiance qu'inspire l'uniforme les déterminèrent à suivre l'aventure. En effet il n'était pas probable qu'on fit, sans raison, un mauvais parti à deux pages de Frédéric. Ils avancèrent dans une vaste chambre magnifiquement meublée, qu'éclairaient trente bougies. Le plus profond silence y régnait, quoiqu'on y fût les uns sur les autres. On était debout, et rangé circulairement. Charles et Théodore s'approchent du cercle, et aperçoivent enfin une longue table couverte d'un tapis vert sur lequel étaient rangés des rouleaux d'or et des piles d'écus. Ils étaient dans un tripot.

Le roi de Prusse, quand il avait besoin d'argent, établissait des impôts qui pèsent également sur tous, il ne vendait à personne le droit infâme de dépouiller l'inexpérience et la faiblesse. Les maisons de jeux étaient sévèrement proscrites dans ses états, comme dans tous ceux où l'on conserve quelqu'apparence de moralité. C'est d'après la sévérité connue du prince, que ceux qui transgressaient ses réglemens prenaient les précautions les plus sûres pour échapper aux recherches.

On jouait dans ce repaire un jeu infernal appelé *trente et quarante*; jeu à peu près égal en apparence, où il semble que l'unique bénéfice de la banque soit établi sur le refait du *trente et un*, mais où l'opiniâtre délire des perdans, et la timidité de ceux que la fortune favorise, doivent, à la longue, attirer tout du côté du banquier. C'est là que se rassemblent l'opulence et la misère, le maître et le laquais, l'insensé qui a volé son père, le père trop faible pour résister à ses passions, l'escroc, le filou, les fripons de toute espèce que la société rejette de son sein; c'est là que l'ivresse d'une joie folle et que les convulsions du désespoir se développent alternativement sur tous les visages, c'est là que l'honnête homme égaré vide d'abord sa poche, use ensuite de ses ressources, en vient aux moyens honteux, s'endurcit le cœur, oublie ses devoirs, les liens de l'amitié, ceux du sang, et perd enfin l'honneur et quelquefois la vie. Et il est des pays où ces antres sont publiquement ouverts, et où ils sont protégés !

Charles et Théodore s'amusèrent quelques temps des bizarreries de la fortune. Plusieurs coups brillans les éblouirent, ils furent tentés de courir les hasards : ils résistèrent cependant. On expose difficilement son premier écu ; celui-là perdu, il est impossible de prévoir où on s'arrêtera. Tous deux convoitaient l'or qui était étalé devant eux, tous deux avaient la main sur leur argent; Théodore cède le premier : il jette un reichs-taballr sur le tapis. Il gagne; il double, tous ses coups sont heureux. Charles n'est plus maître de lui; il joue, et gagne aussi : en une demi-heure ils font soixante frédérics. Il semble que la fatalité, qu'on dit aveugle, devine, démêle ses victimes, et se fasse un plaisir cruel de les séduire par l'appât du gain.

Nos jeunes gens, étourdis par des succès qui passaient leurs désirs, en auraient suivi le cours, si le coucher du roi ne les eût rappelés. Ils sortirent en regrettant le temps qu'ils allaient donner au devoir. Ils étaient moins sensibles à leur bonheur présent, qu'aux bénéfices immenses qu'ils se promettaient encore. La cupidité régnait déjà dans deux cœurs qui ne devaient connaître que des sentimens doux : ce n'était plus les mêmes hommes.

Charles, fatigué de projets établis sur sa fortune à venir, s'endormit enfin. L'amour, qui peu d'heures auparavant était sa seule affaire, fut subordonné à la frénésie qui s'emparait de lui. Il négligea le bonhomme Brandt, ne vit presque plus monsieur d'Herleim, oublia tout-à-fait monsieur de Fersen, chez qui il devait aller, et ne parut devant le roi que lorsqu'il y fut absolument obligé. Avait-il un moment à lui, il courait au tripot; l'adjudant lui reprochait sa tiédeur, il s'en consolait au tripot. Le tripot, toujours le tripot.

Le bon hussard ne se doutait de rien. En apprenant à jouer, Charles avait appris à mentir, et quand son vieil ami se plaignait de ses longues absences, il avait toujours une défaite qui lui fermait la bouche. Cependant il semblait avoir fixé la fortune. Malgré la manière folle dont il jouait son argent, à la fin du premier mois il avait cinq cents frédérics. Théodore à peu de chose près avait été aussi heureux.

Une somme aussi forte est du poison entre les mains de deux jeunes gens. A quoi l'employer ? C'est au vice qu'appartient l'argent que le vice procure, et un excès mène toujours à un autre. En passant et repassant dans cette malheureuse rue *aux Ours*, Charles s'accoutuma insensiblement à l'impudence de ces femmes qui l'avaient d'abord révolté ; la beauté timide de son inconnue avait perdu tous ses droits, l'amour délicat lui parut un travers, il avait de l'or, il voulut des plaisirs faciles. Arrête, infortuné, tu te perds........ Le mal est fait. Deux de ces misérables sont tirées de la fange, elles habitent un logement agréable, leur ameublement est recherché, la soie et les dentelles les couvrent, et des lèvres flétries recueillent les premiers baisers de l'innocence. C'est entre ces créatures et le jeu que se partageaient Charles et Théodore.

On voit avec douleur un enfant qui donnait de si belles espérances, exposer son état et sa réputation. Puisse au moins son exemple être utile à ceux qui peuvent rétrograder encore! Une liaison dangereuse a égaré Charles ; jeunes gens, apprenez à choisir vos amis.

CHAPITRE IX.

Suite d'erreurs : l'Inconnue reparaît sur la scène.

Brandt ne voyait presque plus son Baron ; il n'avait Hantz que la nuit et aux heures des repas ; était désœuvré, et s'ennuyait à la journée. Il jugea que la société lui était nécessaire, et il se lia avec quelques soldats du régiment des gardes. Ils passaient les après-dîners dans un petit cabaret situé derrière l'église de Jérusalem. Là, on pouvait boire, chanter, jurer, sans être entendu du palais; et par un hasard assez singulier, Charles et Théodore, qui craignaient avec plus de raison l'œil vigilant de leurs chefs, avaient logé leurs princesses dans le même quartier.

Un jour le roi fit manœuvrer son régiment plus long-temps que de coutume. Brandt, toujours exact à l'heure, attendait ses compagnons. Il n'aimait pas à boire seul, et comme il faut passer le temps à quelque chose, il s'amusait, en fumant sa pipe, à feuilleter quelques gazettes aussi platement insignifiantes à Berlin qu'ailleurs. *Eine' l'uzer* (1). entr'autres, mérita son attention : son style d'anti-chambre le mettait

(1) Le *Fanal*, qui n'éclaire personne.

tout juste à sa portée. Le docte rédacteur, par égard pour ses abonnés, que la lecture des nouveautés eût pu trop appliquer, réimprimait très-exactement les précédens numéros de ses confrères, quoique son prospectus eût, selon l'usage, promis *monts et merveilles;* et quand il n'avait rien à prendre aux autres, il farcissait sa petite feuille des petits vers rocailleux d'un petit poète de société (1), qui se gonflait du plaisir d'être imprimé *tout vif*, et de celui surtout de dire du mal de gens qui ne pensent pas à lui, et qui ne sont pas réduits encore à cacher leurs opuscules dans une méchante gazette.

Les bâillemens prirent à Brandt, bien qu'il eût fait toute sa vie le plus grand cas de ce genre de poé-

(1) Baourd, ou Balourd.

sies, notamment des devises rimées des marchands de bonbons. Pour ne pas s'endormir tout-à-fait, il se leva, se promena de long en large dans la salle enfumée, et, fatigué de se promener, il fut s'asseoir à la croisée. Les premiers objets qui s'offrirent à lui furent Charles et Théodore, marchant d'un air affairé, et tournant de temps en temps la tête de manière à faire croire qu'ils ne se souciaient pas d'être vus. Le bonhomme, naturellement franc, avait pris pour argent comptant tous les contes qu'il avait plu à monsieur Charles de lui faire. Cependant les précautions des deux pages, la rapidité de leur marche, une sorte de contrainte, qui ne leur était pas ordinaire, le frappèrent, et lui donnèrent l'idée de les suivre. Il sortit, rasa les boutiques, se tint à une distance convenable, et les vit entrer dans une maison d'assez mince apparence. La prudence et la politesse voulaient qu'il s'informât, dans le voisinage, de ceux qui habitaient cette maison, de leur conduite, de leurs habitudes, sauf à prendre ensuite les mesures nécessaires ; mais Brandt, qui était aussi fin que le rédacteur du *Fanal*, et à-peu-près aussi poli, entra droit après les pages, monta sur la pointe du pied, et tomba comme une bombe dans l'appartement où ces messieurs se disposaient à prendre leurs ébats.

La confusion de Charles est inexprimable ; il rougissait, balbutiait, se trahissait. Théodore, qui ne perdait pas aisément la tête, aborda Brandt d'un air aisé, le présenta comme un militaire respectable à la baronne Ferlick et à la baronne Ferlock, qui voulaient bien les recevoir pendant que leurs époux étaient à leur garnison. Charles, un peu remis, commenta, paraphrasa l'histoire ; et Brandt, confus à son tour de sa précipitation et du jugement qu'il avait porté, fit de très-humbles excuses à ces dames, et se retirait avec une profonde révérence. La baronne Ferlick, qui avait eu des relations avec la moitié de l'armée prussienne, et qui aimait toujours la soldatesque et le ton grivois, répondit très-lestement au compliment de Brandt, le fit asseoir, sans autre formalité, à une table sur laquelle était une très-jolie collation, et s'assit elle-même sur les genoux de Charles. Théodore présenta la main à la baronne Ferlock avec un respect et un sérieux qui firent rire tout le monde à gorge déployée, à l'exception de Brandt, qui ne savait de quoi on riait, et qui ne s'en embarrassait guère.

Les deux baronnes, que deux ou trois mots à l'oreille avaient mises au fait, soutinrent assez bien leur personnage pendant quelques instans. Le vin fameux du Rhin monta bientôt la conversation sur le ton plaisant. Quelques mots des halles, quelques jurons échappèrent par-ci par-là. Les deux pages alors serraient vivement le pied de leurs princesses, et les ramenaient à l'ordre. *Chassez le naturel, il revient au galop.* Le moment d'après, les jurons repartaient de plus belle. Brandt était un peu étonné ; jamais la baronne de Felsheim n'avait parlé ce langage ; mais il n'était pas impossible que ce fût celui des baronnes de Berlin : ce pouvait être un ton de cour. Ces dames d'ailleurs étaient si bien logées et si bien mises, les deux pages étaient si réservés avec elles, qu'il n'était pas possible d'avoir des soupçons.

Cependant deux ou trois baisers assez vifs, appliqués sur les joues rosées de Charles par la baronne Ferlick, parurent un peu extraordinaires au bonhomme ; mais il réfléchit que ces caresses d'une femme moins jeune que le page, pouvaient n'être qu'amicales ; que d'ailleurs ces dames avaient un petit coup dans la tête, et qu'une baronne en cet état devient un peu femme du peuple ; qu'à tout prendre enfin, il fallait tôt ou tard que Charles payât le tribut à l'amour, et qu'une baronne est le fait d'un baron. Il se retira discrètement, charmé des politesses et de la popularité des deux dames, et félicita, en sortant, son jeune ami de la jolie connaissance qu'il avait faite.

Le brave homme, en s'en allant, pensait que les bonnes grâces du roi, et la bienveillance d'une femme titrée, ne pouvaient manquer de faire incessamment de Charles un personnage distingué. Il avait vu mourir le père, il se croyait certain de voir l'élévation prochaine du fils ; cette idée le rajeunissait, et lui montait l'imagination. Il rentra aussitôt chez lui ; et, pour ne pas perdre un beau moment d'enthousiasme, il prit la plume, et écrivit la lettre suivante :

« Madame et très-honorée
» protectrice,

« Notre petit baron devient tous » les jours plus beau et plus rangé. » Il passe ses heures perdues chez les » baronnes Ferlick et Ferlock, dont » les maris sont à l'armée, et qui » sont assez jolies quoiqu'un peu su- » cées. Elles jurent quelquefois, ce » qui leur donne beaucoup de grâce, » et elles servent d'excellentes colla- » tions, ce qui vaut mieux encore. » La baronne Ferlick, qui est con- » naisseuse, a pour Charles une af- » fection toute particulière, et je » vous réponds que ce garçon-là ira » loin. »

Madame Werner était sortie lorsque la lettre arriva. Le commandant de Stavenow l'ouvrit, et ne fut pas trop de l'avis de Brandt sur le compte des prétendues baronnes. Des femmes bien nées qui logent dans le quartier de Jérusalem, qui reçoivent des pages en l'absence de leurs maris, qui leur donnent des collations, et qui jurent, lui paraissaient furieusement suspectes. Il compulsa le nobiliaire des Marches de Brandebourg, et n'y trouva ni baron Ferlick, ni baron Ferlock : il sut alors à quoi s'en tenir. Il supprima la lettre du hussard, pour ne pas alarmer sa femme, qui, ayant toujours été sage, croyait fermement qu'un jeune homme devait parvenir jusqu'à l'âge de trente ans sans faire de sottises. Werner, qui connaissait le monde, était plus indulgent, et se sentait disposé à fermer les yeux sur une passade qui ne blesserait ni les mœurs publiques, ni les convenances. Il voulait s'assurer au moins que les galanteries de Charles fussent de ce genre. Brandt n'avait ni l'adresse, ni l'usage nécessaires pour apprécier tout cela : il écrivit directement à l'adjudant d'Herleim.

Il le priait de laisser aller les choses si ces femmes étaient de celles qu'un galant homme peut voir sans se déshonorer. Si au contraire, ce qui lui paraissait vraisemblable, c'étaient de ces créatures à qui des pages peuvent très-bien convenir, mais qui ne conviennent à personne, il le pressait d'arrêter le désordre, et de mettre le jeune homme en prison.

Les deux pages ne se doutaient pas que Brandt eût écrit, et ils se livraient en toute sécurité aux écarts et aux excès d'une jeunesse déréglée. Charles, celui dont le naturel était le plus heureux, avait quelquefois réfléchi à la suite des pertes assez considérables qu'il avait essuyées au tripot. La fortune se lassait déjà de le favoriser, et le malheur est souvent un grand maître. Des réflexions il passa aux regrets, et ensuite au dégoût de la vie qu'il menait. « Nous » sommes des dupes, disait-il à » Théodore ; faits pour sentir et pour » inspirer un penchant honnête, » nous ne connaissons encore que la » brutalité. Mon inconnue m'a souri, » et ce sourire, cette aimable rou- » geur, dont ces créatures n'ont pas » même conservé d'idée, me pour- » suivent jusque dans leurs bras. Eh ! » que trouvons-nous auprès d'elles ? » une complaisance aveugle et stu- » pide ; point d'éducation, nulle sen- » sibilité, un esprit grossier, et des » faveurs banales qui n'ont aucun » prix quand on les achète. Les plai- » sirs des sens ne sont rien quand le » cœur reste froid. Le cœur, mon » ami, le cœur : c'est là qu'il faut en » revenir quand on veut être heu- » reux. » Il pouvait l'être encore, s'il eût suivi la voix intérieure qui lui parlait avec tant de force ; mais Théodore avait pris sur lui un ascendant qu'il ne pouvait vaincre.

Théodore n'était pas né méchant ; il aimait sincèrement son ami ; mais son cœur était gâté, et la sagesse n'était à ses yeux qu'un ridicule. Il riait des scrupules de Charles, le plaignait si agréablement, déraisonnait avec tant de grâces, présentait le vice sous des formes si séduisantes, que le faible baron passait, à son gré, des remords à une chute nouvelle. Un incident imprévu faillit à détruire l'empire de Théodore, et à rendre Charles à lui-même, et pour jamais. Il sortait du manège et traversait la place d'armes ; un équipage brillant le coupe ; son œil se porte dans le fond du carrosse : c'est son inconnue qu'il voit, qui passe comme l'éclair, mais qui le reconnaît, et qui avance la tête pour le revoir encore. Femme honnête et sensible, tu ne soupçonnes pas que cette figure enchanteresse cache une ame dépravée!

Charles, étonné, hors de lui, s'arrête, regarde, soupire, et la voiture est déjà loin. Il court autant que ses forces le permettent, il suit l'objet qu'il a un moment oublié, mais qu'il n'a pas cessé d'aimer. L'équipage tourne, prend une autre rue; Charles arrive, tout a disparu, et il ne sait plus quelle route tenir. Pas de livrée, pas d'armoiries, nul renseignement à prendre : Charles est au désespoir. « Elle est encore à Berlin, » je la découvrirai, se disait-il, se » cachât-elle à tous les yeux. Je suis » aimé, je le crois, je me plais à le » croire, et dussé-je n'en jamais rien » obtenir, sa tendresse sera pour » moi la félicité suprême. C'en est » fait, ces viles prostituées ne me » reverront plus. »

Son mauvais génie, Théodore, l'aborda en ce moment, et se servit de ses argumens ordinaires. L'impression que l'inconnue avait produite était trop forte pour que rien alors pût la balancer. Théodore fit de vains efforts pour le persuader de retourner chez leurs maîtresses : il l'entraîna au tripot.

La séance fut cruelle ; le sort poursuivit les deux amis avec un acharnement qu'ils n'avaient pas encore éprouvé. Le malheur leur ôta bientôt le jugement et la raison. Des poignées d'or passaient de leur poche sur le tapis, et du tapis à la banque. Plus ils perdaient, plus ils se laissaient égarer par l'espoir dangereux de rétablir leurs affaires. Leur ruine fut complète ; ils laissèrent jusqu'à leur dernier écu, et ils sortirent en maudissant leur fatale imprudence.

Théodore chercha à s'étourdir un moment dans le sein de la débauche. Charles alla porter sa douleur sur les bords de la Sprée. « J'avais,

» disait-il, une somme qui passait » de beaucoup mes besoins et mes » désirs ; j'en pouvais employer une » partie à faire chercher ma céleste » inconnue ; il me serait resté de » quoi être heureux long-temps, de » quoi ajouter au bien-être de ce » brave, de ce digne Brandt, qui a » tout fait pour moi. J'aurais été » en paix avec ma conscience ; j'au» rais acquis de nouveaux droits à » l'amitié des uns, à l'estime des » autres, et je n'ai plus rien... rien ; » il ne me reste que d'impuissans re» grets... Malheureux que je suis ! » En parlant ainsi, son sang s'allumait davantage, son cœur se froissait, et cependant il n'avait à se reprocher encore que l'abus de l'opulence et la perte de quelqu'argent qui ne coûtait rien à sa respectable mère.

Le grand air, la fraîcheur de la soirée, le calmèrent insensiblement. Il rentra au palais profondément affecté, mais assez tranquille. Il ne dormit pas : le sommeil et les passions n'habitent pas ensemble. Le matin il alla faire son service chez le roi, et de là il passa chez Brand : il l'avait oublié quand il roulait sur l'or, l'infortune le rapprocha de lui.

Il était sans un sou, il ne pouvait se passer d'argent; il n'hésita pas à en demander : il n'en avait pas pris depuis long-temps. Le bonhomme lui donna une douzaine de ducats, et lui recommanda de les bien ménager. Ils causèrent affectueusement, et déjeûnèrent ensemble. Charles, très-décidé à réformer sa conduite, et se croyant bien sûr de lui, quitta le vieux soldat pour aller monter à cheval. Théodore était aussi au manège. Cruel jeune homme! que tu as fait de mal! que tu vas en faire encore!

Piqué du revers qu'il avait éprouvé, Théodore, après avoir passé quelques minutes chez leurs maîtresses, était allé au palais. Il avait emprunté sept à huit frédérics à cinq ou six de ses camarades, et il avait été les jouer et les perdre. Furieux de ce dernier échec, et incapable de se corriger, il brûlait de jouer encore. Il n'avait pas de fortune, et ne connaissait que Charles qui pût alimenter cette fureur; il lui demanda ce qu'il avait. Charles, sans défense, lui donna sa bourse, et une demi-heure après la banque avait tout dévoré.

Notre jeune baron ne se repentit pas d'avoir obligé son ami. Il n'avait pas joué ce jour-là, et se trouvait assez bien avec lui-même; mais il ne savait comment s'y prendre pour tirer une seconde fois de l'argent du hussard. Le revenu de sa mère était borné; elle avait ajouté à la première somme les quarante frédérics dépensés à l'*Aigle-Noir;* il n'y avait pas d'apparence qu'elle pût fournir à de semblables prodigalités. Charles d'ailleurs n'avait aucun besoin réel qui légitimât la demande de nouveaux fonds : il fallait donc se restreindre.

Cependant un jeune homme, un page, doit avoir quelque chose dans sa poche. Charles surmonta sa timidité; il retourna chez Brandt, et lui déclara ingénument qu'il avait prêté ses ducats à son camarade. Il se garda bien de lui dire l'emploi que Théodore en avait fait, et cette réserve le jeta dans de nouveaux périls. Le bon sens du brave homme suffisait peut-être pour maintenir et fortifier ses résolutions chancelantes. Charles sentait sa faiblesse, et devait chercher un appui. Un amour-propre déplacé l'empêcha de s'ouvrir à son vieux ami. Il prit dix frédérics, et sortit, décidé à résister aux insinuations de Théodore. Il passa le reste de sa matinée avec monsieur d'Herleim, qui l'accueillit avec sa bonté ordinaire, et l'après-midi il eut quelqu'envie d'aller voir le comte de Fersen ; mais depuis trois mois qu'il était à Berlin, il n'avait pas paru chez lui, quoiqu'il en eût reçu l'ordre de sa mère, et que cet officier l'y eût invité lui-même : il craignit une mercuriale, et s'alla promener dans la rue *aux Arbres*.

Son inconnue n'y était pas ; il s'ennuya bientôt de la promenade. Il aborda quelques-uns de ces hommes qui ouvrent la portière à ceux qui montent en carosse ou qui en descendent ; il leur dépeignit celle qu'il cherchait, sa voiture, ses chevaux ; il promit un salaire honnête à celui qui lui en donnerait quelques indices ; et, toujours occupé de son inconnue, quelquefois pensant à sa mère, l'instant d'après réfléchissant aux inconvéniens, aux dangers du jeu, il parcourut encore le parc et les principales rues.

Il marchait au hasard et sans dessein. Il était incapable de commettre une faute qu'il aurait prévue et méditée ; mais son imagination ardente l'emportait avant qu'il eût réfléchi. Sans s'en apercevoir, et par une espèce d'instinct machinal, il approchait de la rue aux Ours ; il s'en éloignait avec une sorte de frayeur ; il y revenait par un détour : une force irrésistible le poussait malgré lui. Deux fois il s'arrêta devant le tripôt ; deux fois, frappé d'une terreur subite, il s'éloigna à grands pas. Il fallait sortir de cette détestable rue, il fallait fuir, et n'y revenir jamais : il le sentit, et n'en eut pas le courage. Il revint une troisième fois ; il pensait à la somme qu'il avait perdue, et qu'il pouvait regagner en une taille. Cependant il était retenu encore par la crainte d'essuyer des pertes qu'il ne pourrait cacher ni à Brandt, ni peut-être à sa mère.

« C'est un parti pris, dit-il enfin, je » ne jouerai pas, mais je peux me » procurer le plaisir de voir la par- » tie. Que risquai-je? je suis sûr de » moi. » En finissant ces mots, il était dans le coupe-gorge.

Théodore avait fait ressource; il jouait, et la fortune lui était favorable. Il montra à Charles son chapeau plein d'or et d'argent. « Pour- » quoi ne gagnerais-tu pas comme » moi, lui dit-il? nous avons tou- » jours perdu ou gagné ensemble. » Tu n'as que quelques frédérics, » hasarde cette bagatelle, si tu n'es » pas heureux, tu disposeras à ton » tour de ma bourse. » Il n'en fallait pas davantage pour déterminer un malheureux qui était déjà à demi vaincu. Charles joua, et perdit tout. Il s'en affecta peu : Théodore était toujours en veine. Il reprit les douze ducats qu'il lui avait prêtés le matin, et après quelques alternatives, ils disparurent encore.

Ce fut alors qu'il se reprocha amèrement sa faiblesse. Il fallait encore avoir recours à Brandt, avouer son inconduite, et peut-être éprouver un refus! Quelle humiliation! le moyen de s'y résoudre! C'était pourtant le parti le plus sage : il préféra de courir après son argent. Il emprunta quelques pièces d'or à son ami, en se jurant sur son honneur, et par son inconnue, de ne plus remettre les pieds dans cette maison infernale, s'il réparait ses pertes. Vain espoir. Bientôt il fut réduit à emprunter encore. Sa raison s'altéra à mesure qu'il perdait : il ne connut plus de bornes. Il devait cinquante frédérics à Théodore, et il lui en demandait encore.

La chance avait tourné. Théodore s'était *coulé* aussi rapidement qu'il s'était refait. Une sombre fureur s'empara alors de Charles; il sentit la profondeur de l'abîme où il s'était jeté : il ne restait pas chez Brandt beaucoup au-delà de ce qu'il devait. Il sortit l'œil égaré, la démarche chancelante ; sa main, passée sous sa chemise, serrait, meurtrissait son sein. « Voilà donc, disait-il d'une » voix étouffée, voilà donc les tour- » mens qu'éprouvent les joueurs ! et » on peut jouer ! et on peut tout » sacrifier à ce penchant destruc- » teur. »

Théodore, toujours léger, toujours irréfléchi, ne connaissait pas ces retours qui annoncent au moins un cœur honnête et sensible. Il cherchait à consoler Chrles en lui montrant un avenir plus heureux. « Non, » répondait celui-ci, je ne me par- » donnerai jamais. Ma mère se prive » pour moi des plus simples jouis- » sances, et quels sont les fruits de » ses sacrifices ! Ce qu'elle épargne » pour me faire paraître convena- » blement dans le monde, va s'en-

» gloutir dans cette caverne. Je suis » un ingrat, un monstre.... Ah! ma » mère!..... ma mère!.... »

Théodore lui opposait tous les moyens, lui présentait toutes les ressources que lui fournissait une imagination fertile en expédiens. Il lui promit de ne pas exiger le paiement des cinquante frédérics avant le temps où il pourrait commodément les lui rendre. Il le pressait de reprendre la fermeté qui convient à un homme, et de se montrer supérieur à l'adversité. Charles écoutait sans entendre. Il suivait Théodore, la tête baissée sur sa poitrine; il ne proférait pas un mot: un ver rongeur le dévorait.

Monsieur d'Herleim venait de recevoir la lettre de Werner. Il pensa absolument comme lui, à la réserve des voies de rigueur qu'on lui conseillait d'employer. Ces moyens lui paraissaient dangereux avec un jeune homme emporté, que le châtiment aigrirait, et ne ramènerait pas. D'ailleurs il ne pouvait le mettre en prison sans rendre compte au roi de ses motifs. Ce prince n'était pas indulgent; Charles était au mieux avec lui, et un aveu de cette nature pouvait le perdre dans son esprit. Monsieur d'Herleim se flatta qu'une réprimande sévère et des conseils sages suffiraient avec un jeune homme qui était né bon, et qui ne pouvait avoir contracté encore l'habitude du vice. Il fit venir le jeune page, et l'interrogea sur les prétendues baronnes. Le moment était favorable. Charles, accablé sous le poids du remords, ne pensa pas à dissimuler. Il avoua cette faute avec une franchise, une candeur, qui ne permirent pas à monsieur d'Herleim de porter plus loin la sévérité qu'il avait mise d'abord dans son maintien et son langage. Il attribua à la honte d'une semblable liaison, le repentir et la confusion de Charles : il ignorait qu'il eût d'autres torts aussi graves peut-être. Il fut touché de son état, et lui parla en père mécontent, mais désarmé et sensible. Charles, touché jusqu'aux larmes par des marques de bonté dont il ne se sentait pas digne, fut près de faire la confession entière de ses erreurs, et d'en solliciter le pardon. Cette idée seule soulageait son cœur; il se sauvait s'il l'eût suivie : mais il sentait qu'un mot livrait à des peines infamantes ceux qui tenaient le tripot, et peut-être ceux qui le fréquentaient. Le rôle de délateur répugnait à sa délicatesse. Il se tut, et se retira.

Monsieur d'Herleim savait combien peu la jeunesse a d'empire sur elle-même. Il était bien persuadé que Charles était sincère en ce moment, mais il ne voulait pas l'exposer à une chute nouvelle. Il jugea que le moyen de la prévenir, était de sévir contre les deux femmes. Il n'avait pas leur adresse, Werner n'avait pu la lui donner; mais il avait indiqué Brandt, et monsieur d'Herleim l'envoya chercher.

Le hussard ne savait à quoi attribuer un message de cette importance. Quoiqu'il eût assez bonne idée de lui-même, il ne concevait pas que sa présence fût nécessaire à la cour. Cependant il passa à la hâte la chemise blanche, l'uniforme des dimanches, et il courut chez l'adjudant du roi.

Celui-ci lui reprocha sèchement de ne pas surveiller les démarches du jeune homme qu'on lui avait confié. Il lui apprit que les baronnes Ferlick et Ferlock étaient des malheureuses, qui avaient exposé la réputation de Charles, et qui auraient fini par ruiner sa santé. Il le rendit responsable de toutes ses actions, et le menaça de son ressentiment, si Charles se livrait à de nouveaux excès.

Brandt, étourdi d'une mercuriale aussi vive, perdit l'usage de la parole. Il resta cloué sur le parquet, la bouche ouverte, la main à son bonnet, et monsieur d'Herleim eût péroré une heure, qu'il n'eût pas pensé à l'interrompre. Il était enragé contre les Ferlick et les Ferlock, envers qui il s'était confondu en politesses, et sa fureur, pour être concentrée, n'en était pas moins sensible. Ses joues étaient pourpres, ses sourcils froncés se touchaient, sa moustache s'agitait dans tous les sens, ses yeux ressemblaient à deux escarboucles. Le sérieux de monsieur d'Herleim ne tint pas contre cette figure grotesque; il se tourna pour rire, et termina l'entrevue en prenant la demeure exacte de mesdames Ferlick et Ferlock.

Dès que le hussard fut sorti, l'adjudant écrivit au lieutenant de police, le pria de faire enlever ces filles, de les enfermer à l'hôpital, et de séquestrer leurs effets. Quelque diligence que fît la police, un autre en fit encore davantage.

Brandt n'était pas homme à souffrir que deux gourgandines eussent dérangé Charles, et se fussent moqué de lui. Il leur devait en outre la boutade de l'adjudant, et ne pouvant se mesurer avec un officier de marque, il alla passer sa colère au quartier de Jérusalem. Il arriva chez nos nymphes, pouvant à peine jurer, tant il était essoufflé et furibond. Il commença l'explication à grand coups de pied dans le derrière, cassa les vitres et les meubles, déchira les satins et les dentelles, en frotta les lambeaux à la plaque de la cheminée, et fit autant de dégât que le plus violent incendie. Il est dans toutes les grandes villes de ces femmes qu'on a vues dans la boue, à qui on fait bassement la cour, et qu'on devrait bien traiter de la même manière.

Ferlick et Ferlock tenaient beaucoup à leur mobilier, quoiqu'il ne leur eût pas couté cher : l'exécution militaire de Brandt les anima à leur tour d'une fureur surnaturelle. Les pelles, les pincettes volent à la tête du hussard; des juremens épouvantables, poussés d'une voix aigre, se mêlent aux siens, et font *le dessus*. Brandt, que rien n'intimide, va son train, et brise sans miséricorde jusqu'à la dernière pièce. Ferlick alors, la grande, la valeureuse Ferlick, lui imprime ses dix ongles sur la figure, et Ferlock s'attache à des parties plus délicates encore. De deux tours de poignet, Brandt les envoie rouler sous un lit, et des cris perçans éclatent, et ce vacarme infernal, qui s'entendait d'un bout de la rue à l'autre, ameute les passans et les voisins.

Bientôt ces demoiselles, à qui le désespoir n'avait pas ôté le jugement, craignirent les suites ordinaires de ces scènes scandaleuses. Elles connaissaient les manières brusques de la police, et n'ayant plus rien à craindre de Brandt, qui n'avait plus rien à détruire, elles songèrent à leur sureté.

Elles se disposaient à sortir, à se glisser dans la foule, et à disparaître à la faveur de la nuit, lorsque la Ferlick aperçut, à la lueur des flambeaux, un limier de police, suivi de dix à douze estaffiers. Tout est perdu! s'écrie-t-elle, et elle se sauve au grenier. Tout est perdu! répète la Ferlock, et elle se jette dans la cave. Brandt s'imagine que la garde arrive pour rétablir l'ordre, et arrêter le tapageur. Il croit qu'il vaut mieux être pris pour la partie plaignante que pour la partie coupable ; il ferme la porte à double tour, il s'affuble d'un jupon piqué, d'une robe de *gros de Naples*, il cache son front chauve sous un *battant-l'œil*, il couvre sa moustache d'un voile de gaze noire, il se jette dans un fauteuil, un éventail à la main, et répète, devant les débris d'une glace, les airs d'une femme au désespoir.

L'inspecteur et *ses observateurs*, que le public mal élevé confond sous le nom de *mouchards*, avaient eu quelque peine à se faire jour à travers la foule. Ils arrivèrent enfin à la porte de la maison, où on laissa deux drôles éprouvés pour arrêter les fuyards, et le reste de la *pousse* monta à l'appartement. Deux fois ces mots terribles, *de par le roi*, avaient sifflé à travers la serrure : Brandt, qui voulait jouer la petite santé, les attaques de nerfs, et qui craignait l'effet de sa voix rauque, ne bougeait et ne soufflait pas. Deux ou trois coups de pied font sauter la porte, on entre, et on trouve une guenon grasse et courte, à tournure hétéroclite, en robe déchirée, en jupon blanc sale marqueté de suie de cheminée, se frappant la tête sur ses genoux, et jouant à outrance de l'éventail. Ces messieurs ne doutent pas qu'ils n'aient trouvé l'abbesse du lieu, ou quelqu'autre appareilleuse. Quatre des plus vigoureux empoignent cette beauté mâle, l'emportent malgré ses efforts, la jettent dans un carosse de place, et la tiennent immobile sur son banc.

L'inspecteur continuait ses recherches avec une vivacité et un zèle vraiment digne d'éloges. Les infortunées Ferlick et Ferlock furent trouvées à la fin, mais dans un état déplorable. Ferlick s'était tapie dans un tas de charbon, et était noire de la tête aux pieds ; Ferlock avait sauté dans une futaille défoncée où on avait mis de la lie de vin, et elle était rouge depuis la ceinture jusqu'en bas. Elles furent saisies, et traînées à la voiture, au milieu des huées et des ris immodérés des spectateurs.

Les ténèbres les empêchèrent de reconnaître leurs vêtemens, qui couvraient la maman Brandt. Elles la prirent pour quelque femme de l'*état*, que l'inspecteur avait ramassée en route. Brandt, de son côté, n'avait garde de se faire reconnaître. En qualité d'ancien militaire, il eût été traduit devant le gouverneur de Berlin, l'officier le moins traitable des états prussiens : il craignait la bastonnade et le cachot. Il jugea que, puisqu'il était pris, le parti le plus prudent était de voir venir.

La voiture s'arrêta à la porte de l'hôpital. Ferlick et Ferlock connaissaient le local, et se rendirent d'elles-mêmes à la salle qu'elles habitaient ordinairement. Le hussard, qui ne savait où il était, ni ce qu'on voulait faire de lui, restait dans le carosse, et attendait avec assez d'inquiétude le dénoument de l'aventure.

L'inspecteur tira à part une petite vieille ratatinée, bossue, borgne et boiteuse, mais ferme et têtue, et qui gouvernait la maison : « J'ai encore là, lui dit-il, une femme que » je vous recommande ; c'est une » maîtresse commère : vous ferez » bien de prendre des précautions. » Il est tard, je reviendrai demain » prendre les noms et les qualités » de vos nouvelles pensionnaires, » et je rédigerai mon procès-verbal.

Les quatre hommes qui avaient contenu Brandt, le descendirent, le portèrent sous la première porte, lui firent passer le second guichet, et le laissèrent au milieu de cinq à six femmes qui, bien que luthériennes, et étrangères à toute espèce d'institution monastique, vivaient en communauté, d'une manière régulière et édifiante.

La supérieure portait une lanterne sourde, et ordonna à Brandt de la suivre. Il s'aperçut alors qu'il était dans une maison de filles. Il s'applaudit de ne s'être pas fait connaître; il se promit bien d'avoir bon marché de cette garde femelle. Cependant il fallait, avant d'agir, arranger un petit plan d'évasion. Il suivit donc la supérieure, en observant exactement les lieux par où on le faisait passer.

On lui fit descendre une trentaine de marches qui conduisaient sous une voûte étroite et longue, au bout de laquelle était une petite porte de quatre pieds de haut et de six pouces d'épaisseur. La supérieur fait crier d'énormes verrous, la porte s'ouvre, et à la faible lueur de la lanterne, Brand distingue un méchant lit, un pot-à-l'eau, un rouet, une quenouille et une ample provision de chanvre ; Il fait un saut en arrière : « Dis donc, » vieille sorcière, où diable me » fourres-tu là ? — Pas de raison, » entrez, reprend la supérieure, un » peu étonnée de la voix forte de sa » prisonnière. — N'as-tu pas dans ta » maison de logement plus gai que » cela ? — Entrez, vous dis-je, re- » pentez-vous, priez, et travaillez. » — Va-t-en au diable, toi, ton eau, » ton sermon et ta filasse. — Ah ! la » malheureuse, elle mourra dans » l'impénitence finale » ; et la vieille se met en devoir de pousser Brandt dans le cachot. Celui-ci se retourne, et lui applique une taloche sur l'oreille. » Ah, rébellion ! tu paieras ce » soufflet-là, s'écrie la geolière », en reculant à son tour, et lâchant une porte à serrure saillante, qui coupait le souterrain par le milieu, et que Brandt n'avait pas vue, parce qu'elle était arrêtée contre le mur.

Brandt enfermé, seul, sans lumière, se moquant des menaces de la supérieure, et bravant toutes les sœurs du monde, Brandt, fatigué des exploits de l'après-dîner, gagna son grabat en tâtonnant. Il se déshabilla, et n'ayant plus son bonnet, il garda le battant-l'œil de la baronne Ferlock. Il remua une paillasse humide; il fit un traversin de son gilet et de son pentalon, un drap de sa robe de *gros de Naples*, et un couvre-pied du jupon piqué. Il se tourna le nez au mur, pour éviter les vents coulis, qui venaient par-dessus et par-dessous la porte, et il s'endormit très-tranquillement, après s'être promis de prendre les clefs de la sœur qui lui apporterait son déjeûner, de la mettre elle-même sous les verrous, et de s'échapper à petit bruit, pour éviter tous démêlés avec monsieur le gouverneur.

La supérieure outrée de la tape qu'elle avait reçue, s'était hâtée d'assembler la communauté. Elle donna à cet outrage la tournure importante qui devait fixer l'attention, le caractère effrayant qui devait porter à des mesures extraordinaires ; enfin elle prouva la nécessité d'un exemple avec l'éloquence du ressentiment.

Le conciliabule nocturne, après avoir invoqué les lumières du Saint-Esprit, arrêta ce qu'on pouvait décider sans l'intervention du ciel : ce fut de consulter les statuts sur la peine due à un crime inoui jusqu'alors dans la maison. Le bouquin poudreux est tiré de son étui ; la supérieure, ses lunettes braquées, l'ouvre, le compulse, le commente, l'interprête, et deux balais neufs sont apportés sur la table de la salle du conseil. On les délie, on en fait six paquets, qui sont distribués aux plus jeunes et aux plus vigoureuses ; d'autres se munissent de nœuds coulans qui devaient servir en cas de résistance ; enfin la supérieure sa lanterne à la main, marche en tête de ses amazones, et on prend en silence la route du souterrain.

On ouvre les portes aussi doucement que le permet la rouille qui ronge les serrures et les gonds; on se range autour du lit où reposait, dans sa première attitude, la tendre victime qu'on allait excorier, et que le bruit du canon n'eût pas réveillée.

La supérieure donne le signal en frappant ses mains décharnées. La couverture est enlevée, Brandt est tourné sur le ventre, et les six poignées de verges frappent à-la-fois. Il jette un cri qui retentit au loin, et fait résonner les voûtes solitaires, et d'un coup de poing il casse la dernière dent à la supérieure. Aussitôt deux ou trois subalternes se jettent sur chacun de ses membres, les nœuds coulans lui serrent les pieds et les mains, les cordes sont fixées aux quatre coins du lit, et la fustigation recommence avec une nouvelle vivacité. Brandt, écumant de fureur, faisait des efforts incroyables pour se soustraire à un genre de supplice piquant de toutes les manières. Il criait à tue-tête : « Vous » vous méprenez ; je suis un homme : » retournez-moi, et jugez en par » vous même ». L'acharnement des satellites, qui avaient à venger la mâchoire de leur mère, le mélange de vingt voix qui chantaient pieusement un pseaume pour couvrir les gémissemens de la patiente, ne permettent pas au hussard de se faire entendre, et l'exécution va son train.

Un mouvement terrible de douleur et de rage rompt la corde qui lui tenait la main droite ; d'un bras désespéré il saisit une sœur, la met sous lui, et jure qu'il va l'étrangler. Il cherche son cou, et rencontre sa gorge rondelette ; il la regarde, elle était jolie.... La fustigation produit un effet nouveau. Brandt, étonné, éprouve un autre genre de fureur, et la satisfait à l'instant. Ses mouvemens précipités sont attribués à la violence du mal. On continue de frapper, et lui de se venger, jusqu'à ce qu'enfin les forces manquent à tout le monde.

Brandt profite de cet intervalle pour lâcher les nœuds qui lui tenaient encore un bras et les deux jambes. Il saute nu au milieu du cachot, et s'empare de la porte. A l'aspect de sa moustache, et de quelqu'autre chose plus masculine encore, les saintes filles sont saisies d'effroi. Sœur Christine, qui s'était résignée à la volonté de Dieu, restait gissante sur le grabat, et paraissait s'attendre à un nouvel assaut. Sœur supérieure, jadis très-usagée, pressentit son triste cas, et s'approcha, tremblante pour l'honneur de la maison : » Ah, » ma mère ! dit Christine, vous » m'avez laissé violer ». La supérieure remet ses lunettes, approche sa lanterne, et s'écrie : » Elle est violée ! Elle est violée » ! répètent en chœur toutes les autres. » Vous voudriez bien friandes que vous êtes, » que je pusse vous violer toutes, » reprit Brandt, barrant toujours la » porte. Il y a quinze ans, je vous » aurais procuré ce petit divertissement ; mais à défaut de celui-là, » je m'en réserve un autre. Vous » m'avez fessé, vous le serez à votre » tour. Qu'on m'apporte des verges, » et qu'on vienne à la file me présenter son postérieur ».

Quelle proposition pour des femmes qui se piquaient de chasteté ! Elle fut rejetée à l'unanimité. Les plus jeunes se pressaient dans un coin du cachot ; elles tenaient leur derrière à deux mains, et se disaient à l'oreille : » Violées, passe ; mais » fouettées, et par un poignet comme » celui-là, c'est une infamie » !

» Savez-vous que je m'ennuie » d'attendre, continua Brandt du ton

» d'un potentat. Qu'on m'obéisse à » l'instant, à la minute, ou je vous en- » ferme ici, je mets le feu à la mai- » son, et je vous grille toutes vives «.

Il prononça ces dernières paroles d'un ton de vérité qui intimida ces dames. On tient à son postérieur, mais on tient encore plus à la vie. Sœurs Rupert, Eustaze, Eudger, Balbine, affligées de seize à dix-huit ans, troussent leurs cottes de bure, et se présentent, leurs petits culs à l'air. Sœur supérieure, qui doit en tout l'exemple, et les anciennes qui se font gloire de l'imiter, s'empressent, et offrent au hussard leurs respectables ruines. Il les traite en vainqueur irrité, l'osier siffle, et laisse des traces sanglantes : il tombe devant la jeunesse et la beauté. Le hussard punit aussi ces dernières, mais sa main désarmée flatte, caresse, et la vengeance, pour être plus douce, n'en est pas moins complète.

Brandt enfin se fait apporter ses habits ; il oblige la supérieure à lui remettre sa lanterne et ses clefs ; il souhaite le bon soir à la communauté ; il ferme par dessus lui la porte de la rue ; et, pour avoir le temps de se retirer, il bouche la serrure avec du tabac haché : enfin il regagne sa chambre, et se couche à côté de Hantz, sans se vanter de ce qui s'est passé.

Monsieur d'Herleim affectait, avec Charles, une froideur qui lui rappelait ses torts passés, et la nécessité de les réparer. Cependant il s'occupait sans cesse de lui, et travaillait, à son insu, à le sauver des séductions d'un ami dangereux. Le roi faisait de grands préparatifs pour l'invasion de la Silésie ; il levait quelques régimens nouveaux : d'Herleim saisit cette occasion. Il demanda et obtint une lieutenance pour Théodore.

C'est à propos de ces nouvelles levées que Frédéric écrivait à un seigneur qui sollicitait de l'emploi pour quelques gentilshommes italiens :

» Mon cher colonel,

» J'aime beaucoup les Italiens, et » je le prouve assez par les gros » gages que je donne aux chanteurs » de mon opéra ; mais dans mes ar- » mées, je craindrais la mollesse » qu'on leur reproche : ainsi remer- » ciez les supplians avec politesse ».

Charles ne soupçonnait pas l'importance du service qu'on lui rendait en le séparant de Théodore. Il ne vit que la privation d'un ami qui partageait ses affections avec son inconnue, à laquelle il pensait toujours, et qu'il ne trouvait jamais. Une inquiétude assez naturelle ajoutait au chagrin d'une prochaine séparation. Théodore était sans bien, il avait son équipement à faire, et Charles lui devait cinquante frédérics. Théodore ne les demandait pas, mais Charles ne pouvait se dissimuler qu'il en eût un besoin pressant. Il n'était pas délicat, il était même injuste de laisser son ami dans l'embarras ; il était cruel de s'ouvrir à Brandt. Charles connaissait la facilité et la tendresse du bonhomme ; cependant il le craignait : son inconduite était si claire, si criante! ce dernier parti était pourtant le seul auquel il pût s'arrêter : l'honneur et la probité l'y poussaient impérieusement. Après quelques combats, il se détermina à remplir cette pénible obligation.

Il arrangea un discours qui réunissait tous les moyens possibles de persuasion. Sincérité, affection, repentir, prières, promesses, devaient tour-à-tour attaquer l'ame sensible du hussard, et surtout l'engager à la discrétion envers des parens dont la douleur eût été pour Charles la plus rigoureuse des punitions. Depuis deux jours il n'avait pas joué, et il comptait bien ne plus retourner au tripot. Cette résolution si sincère et si ferme, lui donnait quelque confiance, et soutenait son courage : on est fort du bien qu'on a fait; on l'est déjà de celui qu'on médite.

En arrivant chez Brandt, une légère palpitation le saisit, sa langue s'embarrassa, et, à mesure qu'il montait, il faiblissait davantage. Ses argumens qui lui paraissaient si vigoureux et si surs, n'étaient plus à ses yeux que des lieux communs, insignifians et rebattus. Cependant il fit encore un effort, il avança jusqu'à la porte de la chambre, en répétant sa première période. Brandt était sorti, et Charles respira avec plus de liberté; il s'applaudit de l'absence du bonhomme; il ne réfléchit pas qu'il lui en avait coûté à se décider, à se préparer, qu'il faudrait recommencer le lendemain, et passer la journée dans l'incertitude et la crainte. C'est ainsi qu'un enfant à qui on présente un breuvage amer, diffère de moment en moment, prolonge et accroît un dégoût qui devient insurmontable.

Charles, incertain de ce qu'il devait faire, se consulta quelque tems sur l'escalier. Il pensa qu'il se soulagerait d'un grand poids s'il évitait une explication verbale qui lui paraissait si dure. Une lettre pouvait faire le même effet, et il ne serait pas témoin de celui qu'elle produirait sur le vieux camarade. Il résolut donc d'écrire, et il fut prendre la clef chez le charcutier.

Brandt avait une méchante armoire, dans laquelle étaient entassés pêle-mêle ses habits, son argent, ses pistolets, son linge, son briquet et ses bottes. Hantz, qui ne s'était fait aucun scrupule de voler des engagemens à ses capitaines, était incapable de prendre à son camarade seulement une pipe de tabac; aussi ce dernier, pour lui marquer sa confiance, et peut-être par un reste d'insouciance militaire, laissait toujours l'armoire ouverte. Charles y chercha ce qu'il fallait pour écrire, et la bourse lui tomba sous la main. Il compta : cinquante-quatre frédérics, voilà tout ce qui restait. Il en prit cinquante en soupirant, se mit à une table, et prit la plume. Il avait à peine commencé sa lettre, qu'il fut distrait par une idée qu'il cherchait à éloigner, et qui se reproduisait avec une force nouvelle. Il n'allait plus rester que quatre frédérics, c'était bien peu de chose que cela, et cependant avec moins on pouvait gagner des monts d'or. Brandt ne s'arrêtait pas à quelques florins de plus ou de moins; et si la fortune le favorisait, il paierait Théodore, remettrait cet argent dans la bourse, et serait dispensé d'une démarche qui le couvrait de confusion.

L'appât était séduisant; il était difficile de ne pas s'y prendre. Charles hésita d'abord, il voulait sincèrement se défendre; mais l'habitude du jeu, le désir de couvrir ses fautes l'emportèrent, et il céda. Il déchire son papier, il se lève, retourne à l'armoire, prend les quatre frédérics, et court au tripot. Il joue, il perd. Ce dernier espoir déçu, il s'éloigne, il gagne la porte; il s'arrête, il écoute, le son de l'or arrive encore à son oreille, la flatte, la séduit; il revient... Il tire, en tremblant, un des frédérics qu'il devait rendre à Théodore... puis un second... puis un troisième. Ceux-là, perdus, deux, quatre, dix, vingt, sont exposés sans interruption; la somme entière s'échappe de ses mains; il est anéanti, les facultés de son ame sont suspendues; il se laisse aller sur un canapé, dans un accablement profond et dans une insensibilité stupide! les heures s'écoulent, et il reste courbé sous la verge du malheur. Tout-à-coup il se lève, et s'écrie du ton de la démence et de la rage : « Je n'ai que » ce moyen : il faut en essayer, et » mourir s'il ne réussit pas. » Il sort à grands pas, il retourne chez Brandt, il cherche, il trouve le sac de peau qui renfermait les épargnes du bonhomme; il le prend d'une main égarée, il l'emporte, il vole à son repaire, il vide le sac sur l'affreux tapis; le banquier va tirer... Charles, sans pouls, sans haleine, en proie à des angoisses affreuses, attend son arrêt : il est prononcé : « C'est la mort! » dit-il d'un accent terrible. Il est pâle, défiguré, couvert d'une sueur froide, et parvenu au dernier terme du désespoir. Il était déjà loin, et parmi tant d'êtres qui sacrifiaient à l'intérêt, et dont se jouait aussi la fortune, pas un n'avait donné la moindre attention aux transports frénétiques qui agitaient ce malheureux jeune homme.

Il avait remarqué les pistolets de Brandt : il prononce le genre du supplice. « C'est là, disait-il, que je » suis dégradé, déshonoré par un lar» cin ; c'est là que les armes même » de celui que j'ai dépouillé, lui fe» ront justice du coupable. »

Il entre, et l'instrument fatal est entre ses mains Etendu sur le carreau, le bout du canon entre les dents, le doigt sur la détente, il va terminer à la fois et sa vie et sa honte : il se relève, frappé subitement d'une idée déchirante. « Je vais » mourir, dit-il, je le dois, je le » veux ; un lâche seul survit à son » honneur : mais cet homme, à qui » j'ai tout ôté, à qui il ne reste que » sa réputation, sera-t-il chargé du » soupçon d'un crime, et poursuivi » comme mon assassin ? Non, que

» le coupable périsse, mais que l'in-
» nocence vive en paix. » Il écrit avec cette énergie que donne le sentiment d'une bassesse à celui qui ne conçoit pas encore comment il a pu la commettre. Sa plume court, elle grave en traits de feu, et des larmes de sang corrodent le papier.

Brandt rentrait paisiblement à la suite de son petit goûter. Il demande sa clef : on lui répond que monsieur le Baron est venu trois fois, qu'il a paru très-agité, et que sans doute il lui est arrivé quelque chose d'extraordinaire. Le bonhomme monte doucement, et trouve sa porte ouverte ; il approche, il se penche sur le dos de la chaise de Charles ; il le voit, les cheveux hérissés, l'œil hagard, les joues agitées de mouvemens convulsifs. De la main gauche, il tient, il caresse l'arme meurtrière... Brandt est saisi d'effroi : il s'élance sur le pistolet, il renverse l'insensé qui lui résiste, et tire le coup par la croisée.

Charles sent qu'il sera gardé à vue, qu'il faudra vivre, et sa vie ne peut être qu'un long supplice. Il tombe aux pieds du hussards, il les presse, il les mouille de ses larmes, il est suffoqué par des sanglots. « Tu me » désarme, lui dit-il; fais moi donc » oublier l'opprobre dont je me suis » souillé. Je suis venu, j'ai enlevé » l'argent de ma mère, je suis rentré, » je t'ai volé le tien; je l'ai joué, je » l'ai perdu, et tu ne veux pas que je » meure... La mort!... la mort!... » ô ma mère! ma mère! »

Brandt est pétrifié. Ce n'est plus cet extravagant qui porte à l'excès les ridicules et les travers, c'est un brave soldat, un honnête homme que la seule idée d'une bassesse révolte, et à qui elle donne cette éloquence de l'ame à laquelle on ne résiste pas. Il regardait Charles d'un air indigné; il n'était touché ni de ses pleurs, ni de sa posture humiliante. « Vous demandez la mort, » lui dit-il enfin, c'est ce que vous » méritez. Sans cette mère dont vous » osez encore prononcer le nom, je » vous rendrais l'arme que je vous » ai ôtée; mais qu'a-t-elle fait pour » qu'on la punisse? Cachons-lui des » fautes qui empoisonneraient le » reste de sa vie; que je sache seul » que vous êtes un homme sans hon- » neur. Ecrivez à votre mère que c'est » moi qui ai joué, que c'est moi qui » ai tout perdu; elle me méprisera, » elle me chassera, elle m'abandon- » nera, mais elle n'aura pas à gémir » sur un fils indigne d'elle. » Le hussard ouvre sa chemise; il dénoue un cordon noir auquel était attaché une relique qui ne l'avait pas quitté depuis la mort du baron de Felsheim: « Voyez-vous, reprit-il avec une » force nouvelle, voyez-vous cette » moustache? elle fut quarante ans » dans le chemin de l'honneur. Des

» exploits qui n'ont pas été récom-
» pensés, sont encore présens à ma
» mémoire. Quels sont les vôtres
» jusqu'à présent? c'est au tripot,
» c'est avec des filles perdues que
» vous faites vos premières armes;
» c'est le compagnon de votre père
» que vous payez d'ingratitude, que
» vous livrez à la misère, que vous
» forcez à se charger du poids de vo-
» tre infamie. O mon maître, mon
» ami! continua-t-il en baisant cette
» moustache, que vous êtes heu-
» reux de n'être plus! vous péririez
» de douleur d'avoir un tel enfant. »

Charles, immobile et terrifié, écoutait dans un profond silence, et croyait entendre l'ombre de son père. Il demeurait aux pieds de Brandt, le front courbé jusque sur le carreau. Il ne pensait ni à se défendre, ni à s'excuser; il méritait les reproches amers qu'il venait d'essuyer, et son cœur lui en faisait de plus déchirans encore.

Brandt ne pouvait se roidir longtemps contre le sentiment qui l'attachait à l'infortuné Charles. Avec lui le premier moment était toujours terrible, mais son indignation, sa véhémence épuisées et satisfaites, l'état déplorable du jeune baron, l'altération de ses traits, le désordre qui régnait dans toute sa personne, devaient bientôt attirer son attention, et le toucher sensiblement. Il réfléchit combien il est différent de prendre à un étranger, ou à quelqu'un qui nous est intimement attaché; il pensa que si Charles lui avait demandé son petit sac, il n'aurait pas eu la force de le lui refuser, et qu'il avait pu, en son absence, compter sur son amitié, sur son dévouement absolu; enfin, autant il avait d'abord déployé de sévérité, autant il s'empressait à chercher, à rassembler des raisons qui pussent le justifier. Bientôt il se reprocha la manière dure dont il lui avait parlé, il s'attendrit, il releva son malheureux ami, le serra dans ses bras, et mêla ses larmes aux siennes.

Avec quelle sensibilité, avec quelle reconnaissance, Charles reçut ces caresses auxquelles il était loin de prétendre ! Ses sensations étaient bien différentes de celles qui l'agitaient quelques instants auparavant. Il ne voulait plus mourir : ces crises où la nature surmonte l'aversion du néant, sont aussi courtes que violentes. Il retrouva enfin des idées et des mots. « Tu me pardonnes, brave homme, pourrai-je me pardonner ? — Oui... oui, monsieur. — Tu n'as plus rien. — Et mes bras ? Je travaillerai : chaque jour amènera son pain. — Travailler à ton âge ! — Ne vous inquiétez de rien ; cela me regarde. — Et tes petites ouissances ? — Il faudra boire de

» l'eau : cela sera dur, mais j'épar-
» gnerai des peines à madame. —
» Ah! digne ami!... — Hé, oui, je
» suis votre ami : soyez donc aussi
» le mien ; ne me faites plus de cha-
» grin. — Non... non... mais travail-
» ler... se priver de tout!... et c'est
» moi... — Ne pleurez donc pas
» comme cela; vous me fendez le
» cœur... Et puis tout ceci n'aura
» qu'un temps. Dans quelques mois
» nous pourrons raisonnablement
» demander des fonds. En attendant,
» soyez sage, et prenez patience. »

Les deux amis étaient descendus de l'extrême énergie au point où l'ame fatiguée a besoin de se reployer, et de se reposer sur elle-même. Charles était de semaine : c'était l'heure du coucher ; Brandt le prit par la main, il se laissa conduire, il suivit tranquillement le hussard jusqu'à la première grille, où ils se séparèrent.

Le roi travaillait lorsque Charles entra dans sa chambre. Frédéric avait pour lui une prédilection marquée; il se plaisait à oublier avec le jeune homme, et son rang et ses projets; il causait familièrement avec lui, ou bien ils faisaient de la musique. L'importance des objets qui l'occupaient en ce moment, ne lui permit pas de penser à autre chose; il resta à son bureau, et Charles n'en fut pas fâché : il n'avait pas la tête assez libre encore pour trouver ces tours heureux, ces saillies piquantes, qui faisaient souvent rire le monarque, et qui forçaient sa faveur. Il se coucha, il invoqua, il attendit le sommeil, en repassant dans son esprit les événemens de la journée.

Il avait oublié, auprès de Brandt, certains détails qui se représentèrent dans le calme de la nuit. Il se rappela Théodore et sa dette, et l'impossibilité absolue de s'acquitter.

Cette idée le tourmenta, le bourrela jusqu'à la pointe du jour, qu'il céda enfin à la fatigue de l'esprit et du corps.

Il dormit quelques heures d'un sommeil souvent interrompu et agité par des rêves pénibles. Lorsqu'il se leva, Frédéric, qui ne s'était pas couché, le regardait d'un air affligé et mécontent. « Vous avez joué hier? » — Sire.... je ne sais... je crois... » — Soyez vrai : vous avez joué? — » Oui, sire. — Dans la rue *aux* » *Ours?* — Oui, sire. — Vous de- » vez cinquante frédérics, et vous » en avez perdu cent trente. — Je » l'avoue, sire; » et le pauvre petit répondait en balbutiant, en tremblant. Le roi poursuivit avec ce ton sec et froid qui annonçait toujours une disgrâce, et qui ajouta à l'effroi du page : « D'où vous venait l'ar- » gent que vous avez perdu? — Je » l'ai pris.... — Malheureux! — » Chez un homme de confiance que

» mes parens ont chargé de pour-
» voir à mes besoins. — Vous lui
» avez donc menti? — Il ignorait
» l'emploi que je faisais de mon ar-
» gent. — Vous avez abusé de sa con-
» fiance, c'est pis encore. Tenez,
» monsieur, remettez-lui ce qu'il
» vous a donné; ce n'est point à votre
» mère à payer vos sottises; rendez
» les cinquante frédérics qu'on vous
» a prêtés, et dites au lieutenant de
» police de venir me parler. »

Charles sort; il cherche Théodore, il le trouve, il s'acquitte. Il va chez Brandt, il lui remet, en pleurant de joie, tout l'argent qui lui restait. La clémence du roi l'étonnait, il ne savait comment l'expliquer; mais il en bénissait l'effet, qui mettait un terme à son inquiétude et à ses chagrins. Il eût désiré savoir par qui Frédéric avait été instruit : son vieux ami avait seul son secret, et il n'était pas permis de le soupçonner.

Charles le quitta, se rendit chez le lieutenant de police, et celui-ci le suivit au palais.

Monsieur, lui dit le roi, il y a un » tripot dans la rue *aux Ours;* vous » devez le savoir, et vous l'ignorez. » Que dans deux heures cette mai- » son soit saisie, la banque portée » au trésor, et les banquiers au ca- » chot : sortez. Vous, Charles, mon- » tez à cheval, et portez ce paquet » au commandant de Spandaw (1). »

Charles se défiait un peu du contenu de la lettre; le jeu était rigoureusement défendu; Frédéric ne pardonnait pas une désobéissance, surtout à ceux que son affection devait rendre plus dociles à ses volontés; cependant quelqu'ordre qu'il eût à porter à Spandaw, il n'y avait pas à balancer : il partit, il s'arrêta sous les croisées de Brandt, il l'appela,

---

(1) Forteresse et prison d'état, à deux milles de Berlin.

lui fit part de ses craintes, lui dit adieu, et prit assez tristement le chemin de la forteresse, en s'applaudissant intérieurement de laisser le brave homme à l'abri du besoin, et dispensé du travail.

Pendant que notre page avançait le plus lentement qu'il lui était possible, Frédéric, qui n'oubliait rien, écrivait à Werner :

« Général,

» Charles commence à faire des
» sottises : ne vous alarmez pas, tous
» les hommes en font. Les siennes
» sont de nature à être punies, et je
» l'envoie à Spandaw. Soyez tran-
» quille, je vous le répète : le cœur
» est bon; ce sont ses regrets qui
» l'ont trahi pendant son sommeil.
» Cependant je le tiendrai en prison
» jusqu'à ce que je puisse l'occuper
» de manière à ce qu'il ne trouve pas
» un moment à lui. »

Charles arrive, il demande à parler au commandant; on l'introduit dans le fort; il remet son paquet d'une main peu assurée; l'officier l'ouvre, et lit à haute voix :

« MONSIEUR LE COMMANDANT,

» Je vous envoie un page dont je
» suis très-mécontent. Il ne sortira
» pas de sa chambre, où il sera au
» pain et à l'eau. Vous lui donnerez
» un traité et des instrumens de ma-
» thématiques, et tous les mois vous
» me rendrez compte de sa con-
» duite.

» FRÉDÉRIC. »

« Tous les mois, s'écria le petit
» malheureux! pendant des mois au
» pain et à l'eau!... Au reste, je l'ai
» bien mérité. Vous en convenez,
» c'est quelque chose, reprit le com-
» mandant. Comment vous appelez-
» vous? — Le baron de Felsheim.
» — Oh! je vous attendais depuis

» quelque temps. — Comment, mon-
» sieur?... — Vous étiez recomman-
» dé à mon beau-frère le comte de
» Fersen, et vous n'avez pas été chez
» lui une seule fois. Un jeune hom-
» me qui évite les gens de bien, doit
» former des liaisons dangereuses,
» et vous voyez où cela mène. »

Le commandant laissa Charles dans son cabinet, et fut donner ses ordres pour sa nourriture et son logement. Le jeune homme convenait bien que sa punition était juste, mais la rigueur de sa détention l'effrayait. Il s'assit, triste et pensif, le dos tourné à la porte, et tomba dans des réflexions très-profondes pour son âge, mais malheureusement un peu tardives.

L'arrivée du page s'était répandue dans le château. Cette qualité de page a toujours quelque chose de piquant pour les femmes, et un page malheureux est doublement intéressant.

Le commandant de Spandaw était marié. Baltide Blumenthal, sa fille, bien jeune, bien jolie et bien curieuse, s'était approchée de la porte du cabinet; elle avait entendu les dernières paroles de son père, et dès qu'il fut sorti, elle entra sur la pointe du pied, poussée par je ne sais quel pressentiment. Le murmure de sa robe de soie la décèle, malgré ses précautions. Charles tourne la tête, il regarde... ô surprise! enchantement!... c'est son inconnue.

Baltide n'avait pas oublié la rue *aux Arbres*. Elle rougit, elle pâlit, elle recula quelques pas; et comme il fallait avoir l'air d'être entrée pour quelque chose, elle brouilla tous les papiers de son père d'un air si gauche et si peu attentif! elle avait les yeux baissés sur la table, et regardait sans rien voir; elle cherchait à démêler ce qui se passait dans son petit cœur, et elle ne savait encore si elle était fâchée ou contente de trouver dans le pauvre captif le page si joli qui l'avait fait si souvent soupirer. Moi, je crois qu'elle en fut bien aise. Dans quelque position que soit son amant, on aime toujours à le revoir : qu'en pensez-vous, mesdames ?

Charles, ardent, impétueux, n'avait pas été le maître de son premier transport. Dès qu'il la vit, il se leva, courut à elle; il allait lui prendre la main, la timidité de son âge, la bienséance l'arrêtèrent. « C'est » vous ! c'est vous ! s'écria-t-il, que » j'ai tant désirée, tant cherchée, » que je ne comptais plus !... Vous » m'avez cherchée, monsieur, in» terrompit Baltide, ses grands yeux » bleus toujours baissés, vous m'avez » cherchée ?... — Par tout Berlin. — » Excepté chez mon oncle, où j'ai » passé quinze jours avec maman. » — Chez le comte de Fersen, qui

» m'avait assuré de sa bienveillance,
» chez qui je pouvais trouver le bon-
» heur et un asile contre les écueils
» de mon âge! combien je me re-
» proche d'avoir désobéi à ma mère!
» Si du moins vous vous étiez aper-
» çue du plaisir que j'ai eu à vous
» voir, si vous aviez pressenti ce
» que j'ai souffert quand je vous ai
» perdue, je ne serais pas tout-à-fait
» malheureux. Je ne sais même si je
» me reprocherais plus long-temps
» des fautes qui m'ont conduit à vos
» pieds; » et le petit fripon était
aux genoux de Baltide, et Baltide,
sans défiance et sans art, se laissait
aller au charme du moment. « Ré-
» pondez-moi, de grâce, reprit le
» séduisant baronnet, avez-vous de-
» viné mon secret? Mais.... je le
» crois, répondit Baltide avec un
» sourire si doux! — Et vous n'en
» avez pas à me confier? — Confie-
» t-on ces choses-là? — On peut au
» moins se laisser pénétrer. — Oh!

» je n'empêche pas cela. — Je vous » entends, et je suis heureux. — » Heureux et prisonnier ! — Pensez » donc que j'habite avec vous, que » je respire le même air, que je vous » verrai quelquefois, que vous me » plaindrez ; et vous intéresser, n'est- » ce pas le bonheur ? »

Le papa rentra : ces papas sont toujours importuns. Charles, caché par Baltide, eut le temps de se relever et de se remettre ; Baltide plus embarrassée que jamais, retourna les paperasses, et le papa, beaucoup plus expert en tactique qu'en amour, ne se douta de rien, et ordonna à Charles de le suivre.

L'aimable page regarda encore Baltide ; il ne pouvait lui parler : cependant elle l'entendit. Elle craignait le témoin redoutable ; elle voulut ne pas répondre, et son dernier coup-d'œil n'en fut que plus expressif.

Monsieur Blumenthal savait avec quelle exactitude le roi voulait être obéi. Il avait su aussi du comte de Fersen, l'intérêt que Frédéric prenait au jeune homme : il crut remplir à la fois, et son devoir et les intentions du monarque, en donnant à son prisonnier les douceurs que l'ordre n'interdisait pas. Il le conduisit en conséquence à une chambre très-propre, dont la fenêtre, bien grillée, était de niveau à une terrasse riante et en bon air.

Charles y trouva précisément ce que le roi avait prescrit; des livres de mathématiques, un étui complet, du pain blanc comme la neige, mais du pain tout sec, de l'eau très-claire, plus une fiole de vinaigre, dont le roi n'avait pas parlé, mais que le commandant avait jugée propre à corriger la crudité de l'eau.

Charles n'avait encore rien pris. Après avoir fait l'inventaire de son mobilier, il tira son petit couteau à manche de nacre et à clous d'or, il entama sa ration du jour et cassa gaîment sa croûte, en pensant qu'il n'est point de mauvais repas auprès de ce qu'on aime.

Il examina la terrasse. Un couvert de tilleuls, des plates-bandes garnies de fleurs, des treilles chargées de raisin, des allées sablées qui portaient encore l'empreinte du rateau, lui firent juger que ce jardin n'était pas à l'usage des prisonniers, pour qui d'ordinaire on ne prend pas tant de soins. Il pensa que cette terrasse était réservée au commandant; et, par une suite toute naturelle, il conclut que sa charmante fille s'y était promenée quelquefois, et désormais s'y promenerait souvent.

Spandaw n'a rien de bien récréatif, même pour son commandant, et on est trop heureux d'y trouver de quoi parler. L'arrivée du jeune baron fournit à la conversation pendant le dîner de M. Blumenthal. Batilde ne disait mot, mais elle écoutait avec une avidité ! le pain et l'eau lui parurent d'une dureté que rien, selon elle, ne pouvait justifier. Avec une figure si heureuse on ne commet pas de crimes, et un criminel seul méritait à ses yeux un pareil traitement. Elle demanda d'une voix timide ce qu'avait fait M. le Baron. » Je n'en sais rien, répondit » le papa, et ce ne sont pas vos affai- » res : la fille d'un commandant de » Spandaw doit tout voir, tout en- » tendre, et ne rien dire. Oh, ne rien » dire, reprit la maman....—Non, » madame, ce n'est pas à quinze ans » qu'on se mêle d'affaires d'état. A » propos, mademoiselle ; vous me » ferez le plaisir de ne plus visiter mes » papiers pendant mon absence ».

On quitta la table, et Batilde, sans faire semblant de rien, descendit à la cuisine. On avait desservi une caille rôtie à laquelle on n'avait pas touché, et que la jeune personne convoitait violemment... Un si beau garçon au pain sec! « Ma chère Suzanne, dit-» elle à une vieille cuisinière que ja-» mais personne n'avait essayé de sé-» duire, ma chère Suzanne, tu ne m'as » pas cueilli de roses aujourd'hui; tu » m'as fait perdre un baiser de ma-» man. — Vous verrez que je n'aurai » pas le temps de dîner. — Va, ma » bonne Suzanne, va. — Et que n'y » allez-vous? — Je suis d'une mal-» adresse! je me pique toujours les » doigts «. Suzanne sort en grondant, et aussitôt la caille est enveloppée dans un tortillon de papier.

C'était beaucoup de la tenir; mais il fallait la passer au joli prisonnier, et c'était une grande affaire. On pouvait être surprise; le papa était colère: il y avait de quoi trembler. Cependant Charles, manquant de tout, fut plus fort que les considérations personnelles, et on résolut de se hasarder. Ce n'était pas l'amour qu'on brûlait de servir : on n'entreprenait rien que par humanité ; mais l'humanité a des droits si puissans sur les belles ames ! Baltide monte à la terrasse, son sac à ouvrage au bras, et la volatille en poche. Elle s'assied sur un banc de gazon, elle tire les manchettes qu'elle brodait pour le papa, elle travaille... comme on travaille quand on ne regarde pas à ce qu'on fait : ses yeux ne quittaient pas la fenêtre grillée.

Suzanne compléta enfin le bouquet le plus volumineux, et toujours grommelant, elle le donna à Baltide, et retourna à son dîner. La jeune personne partage le bouquet en deux : Charles y avait aussi ses droits. Elle se lève, elle se promène à l'aventure, elle chante la chansonnette : c'est la ressource des gens embarrassés. Un vilain soldat, en faction au haut d'une tourelle, découvrait toute la terrasse, et intimidait les amours. On le regarde en dessous, on l'épie ; il fait un demi-tour à droite, et crac, les roses et la caille tombent dans la chambre du petit ami.

Charles sait bien à qui il est redevable de ces soins. Il monte à la croisée ; Batilde est déjà loin ; il l'entrevoit encore, et lui envoie un baiser que le zéphyr jaloux intercepte au passage.

Le jeune homme avait pour boire une tasse de racine de buis ; c'est dans cette tasse qu'il dépose, qu'il arrange chaque rose, après l'avoir respirée et baisée. Le gibier fut fêté à son tour : offert par Baltide, il devait être délicieux. Charles était content.. mais content !.... Spandaw allait être pour lui le séjour céleste. Il avait du papier et de l'encre, et les doigts lui démangeaient. Cependant écrire à Baltide, et si promptement, n'était-ce pas bien hardi ? Recevra-t-elle sa lettre ? Eh ! pourquoi pas, puisqu'elle a daigné l'écouter? Mais comment la remettre? L'amour y pourvoira. Il écrivit, rien que de très-respectueux, comme on peut le croire; mais son style était si aimable, si coulant, si chaud, que l'amour-propre, qui ne s'oublie jamais, lui arracha un sourire.

Madame Blumenthal vivait à-peu-près seule, et s'ennuyait honorablement dans son fort. Elle était privée de son fils, qui, depuis quelques mois, était entré au service. Son mari n'était pas fort aimable; toutes ses affections étaient réunies sur sa fille : Batilde et son jardin, c'étaient là ses plaisirs. Elle y rencontra la jeune personne qui se retirait lentement, et qui, forte de la présence de sa mère, ne pensa plus à s'éloigner. L'être le plus aimable le devient davantage encore par le sentiment du bonheur. Baltide amusait sa mère, l'intéressait, l'attachait par ses saillies naïves, par ses contes plaisans, et l'attentive maman ne s'apercevait pas qu'elle tournait autour de la fenêtre grillée, et qu'elle ne s'en écartait que pour y revenir. Charles à qui rien n'échappe, saisit un moment favorable, et laisse entrevoir son poulet. Le cœur bat à l'aimable fille. Le billet devait être si doux à lire! on grillait de le tenir; mais décemment on ne pouvait le prendre. Au premier tour d'allée on revint jusqu'à la croisée; les plis ondoyans du taffetas en touchent même les barreaux; le sac à ouvrage pendait très-bas, il était entr'ouvert : lorsque maman se retourne, Charles alonge le bras; la lettre est à son adresse, les cordons du sac sont tirés.

Mais je conte, je conte, et je ne m'aperçois pas que ce volume est assez fort pour l'intérêt de l'éditeur. Passez au quatrième, citoyen lecteur, si les trois premiers ne vous ont pas ennuyé.

Fin de la troisième Partie.

TABLE DES CHAPITRES

Contenus dans la troisième partie.

CHAPITRE VII. *Le Baronnet entre dans les pages du roi de Prusse* Page 1

CHAPITRE VIII. *Le Baronnet entre en exercice et commence ses fredaines.* 59

CHAPITRE IX. *Suite d'erreurs; l'inconnue reparaît sur la scène.* 120

www.ingramcontent.com/pod-product-compliance
Lightning Source LLC
Chambersburg PA
CBHW070611100426
42744CB00006B/451
* 9 7 8 2 0 1 1 8 6 6 5 4 7 *